Equipando líderes con carácter en casa, en la iglesia y en la comunidad

David Merkh

Los pasos de un hombre exitoso

hagnos

©2015 David J. Merkh, publicado originalmente en Português por la *Editora Hagnos Ltda*, São Paulo, Brasil, con el título: *Homem nota 10*. © 2016 David Merkh para español

Traductor
Juan Carlos Martínez

Revisión
Alixson Martínez

Adaptación de la portada
Hagnos

Diagramación
Catia Soderi

1ª edición - Mayo de 2016

Editor
Juan Carlos Martínez

Coordinador de producción
Mauro W. Terrengui

Impresión y acabado
Imprensa da Fé

Todos los derechos reservados para:
Editorial Hagnos Corp.
2227A W. Hillsboro Blvd,
Deerfield Beach, FL 33442
E-mail: editorial@editorialhagnos.com
www.editorialhagnos.com

Catalogación en la publicación (CIP)

Angélica Ilacqua CRB-8/7057

Merkh, David J.
　　Los pasos de un hombre exitoso : equipando líderes de carácter en casa, en la iglesia y en la comunidad / David Merkh ; traducción Juan Carlos Martínez. – Deerfield Beach, FL : Hagnos, 2016.

ISBN 978-85-7742-184-8
Título original: *Homem nota 10*

　　1. Hombres – la vida religiosa 2. Vida Cristiana 3. Hombres cristianos
I. Título II. Martínez, Juan Carlos

15-1333　　　　　　　　　　　　　　　　　　　　　　　　　　CDD-248.842

1. Hombres – la vida religiosa

Dedicatoria

A mis hijos
David Junior
Daniel
Stephen

A mis yernos
Ben
Elton Júnio

Y a mis nietos
David (Zemmer)
Tiago (Zemmer)
Andrew (Merkh)
Isaac David (de Souza)
Y todos los que vendrán...

Que ustedes sean hombres exitosos de verdad, de carácter comprobado, cada vez más parecidos a Jesús en la casa, en la iglesia y en la comunidad.

CONTENIDO

Agradecimientos — 7
Prefacio del autor — 9
Cómo usar este libro — 11
Introducción: Hombres de verdad — 13
1. Se buscan: Hombres de Dios *irreprensibles* — 21
2. Marido de una sola mujer (I) — 31
3. Marido de una sola mujer (II): La pornografía y el hombre de Dios — 39
4. El cordón de tres dobleces: Vida estable y equilibrada — 51
5. Hospedador — 61
6. Apto para enseñar — 67
7. No dado al vino — 75
8. No pendenciero, sino amable — 83
9. Apacible, no iracundo — 91
10. No avaro — 99
11. Que gobierne bien su casa — 107
12. Que tenga a sus hijos en sujeción — 117
13. No un neófito — 129
14. Buen testimonio de los de afuera — 137
15. Amante de lo bueno — 143
16. Justo y santo — 155
17. Disciplinado — 167
18. Hombre de palabra — 175
Conclusión — 183
Apéndice A – Las cualidades del hombre de Dios /líder espiritual — 185
Apéndice B – Responsabilidades del marido cristiano — 192
Apéndice C – Ministerio con hombres — 194
Apéndice D – "Marido de una sola mujer" – Divorcio y nuevo matrimonio — 200

Sobre el autor — 204
Otros recursos para su familia o grupo pequeño — 205

Agradecimientos

Quiero darles las gracias a las personas que, más de una vez, colaboraron MUCHO para que este libro estuviera disponible al público. A mi esposa, Carol Sue, por animarme a continuar escribiendo, a pesar de tantas otras demandas en nuestra vida de dos, y por su ayuda en la corrección del manuscrito; a nuestra yerna Adriana, quien también hizo una corrección completa del manuscrito.

Le doy las gracias a los alumnos casados del Seminario Bíblico Palabra de Vida y a los hombres de la clase de escuela bíblica de la Primeira Igreja Batista de Atibaia quienes fueron los "conejillos de indias" en el estudio de las lecciones de este material durante muchos años. Gran parte de ellos hizo sugerencias que están incorporadas en este texto.

Al equipo eficiente y serio de la Editorial Hagnos, que siempre cree en nuestro trabajo porque cree en la producción de material bíblico práctica para la iglesia cristiana. ¡Muchas gracias!

Por último, le doy las gracias a Dios, que hizo posible la publicación de este material que es la realización de un sueño. Él hace parte de una campaña: rescatar el papel de hombres como líderes calificados, cada uno en su casa, iglesia y comunidad.

PREFACIO
DEL AUTOR

No es una sorpresa para la mayoría de las personas que la familia, la iglesia y la sociedad pasan por crisis de liderazgo. No se sabe quién debe liderar más cuáles son las cualidades esenciales de un buen liderazgo y cómo se debe liderar.

Ese problema sería resuelto si nos volviéramos hacia las Sagradas Escrituras y definiéramos liderazgo de acuerdo a los parámetros divinos. *Dios está buscando hombres que sean líderes en la casa, en la iglesia y en la comunidad* – hombres de carácter, hombres según el corazón de Dios.

Para ser un hombre según el corazón de Dios, es necesario que el hombre asuma su responsabilidad como *líder*. Eso no quiere decir ser machista; y mucho menos tratar a las mujeres con desprecio. Al contrario, la hombredad[1] bíblica sigue el modelo de liderazgo de siervo. Dios no llama hombres para el ejercicio de la tiranía, sino, para que sean siervos amorosos, listos para defender su familia y servirla; para enseñarle la Palabra de Dios, guiarla y sacrificarse por su bienestar. ¡Qué contraste con el retrato de "machote" que quiere salir siempre con la suya, que solamente piensa en su ombligo y únicamente defiende sus propios intereses!

---

[1] Hombredad: cualidad, dignidad de ser hombre. Se refiere al conjunto de las buenas cualidades de carácter y valor que deben ser las marcas del hombre como un todo.

Desafortunadamente, mientras algunos hombres buscan *proyectar* una fuerte imagen de liderazgo, muchas veces se están *protegiendo* de la inseguridad y el miedo. En lugar de *liderar* la familia, no asumen la responsabilidad que les cabe, reniegan de su autoridad y son pasivos en la dirección de su hogar.

Con seguridad no recomendamos que los hombres sean tan productivos al punto de tomarle la delantera a Dios (aunque esto fuera posible). Sin embargo, ¡entendemos que la pasividad equivale a la desobediencia! *Dios ya llamó a los hombres para que sean líderes de casa, y de la iglesia; para que eso sea posible, les dio una descripción pormenorizada de las tareas en Su Palabra.*

En 1 Timoteo 3 y en Tito 1 encontramos la descripción de carácter del hombre de Dios. Este libro tiene por objetivo servir de guía de estudio para que los hombres se miren al espejo y vean las áreas de la vida en las que necesitan ser más parecidos a Jesús y, con los ojos puestos en Él, progresar a la semejanza de aquel que dejó el cielo para vivir entre nosotros y en nosotros (Gl 2:20).

CÓMO USAR
ESTE LIBRO

Este libro puede ser usado en diferentes contextos con pequeñas adaptaciones:
1. Estudio bíblico en grupos de hombres.
2. Estudio en encuentros de hombres (desayunos, encuentros sociales etc.).
3. Grupos de discipulado.
4. Preparación de líderes en la iglesia.
5. Estudio individual y devocional.

Si el libro es utilizado en grupos en los cuales los participantes no se conocen muy bien, sugerimos una dinámica al comienzo de cada encuentro, con la finalidad de provocar interacción entre los miembros del grupo.[2] Para que haya más participación en el estudio de la lección, los hombres presentes pueden leer los párrafos alternadamente; por eso, muchas lecciones incluyen preguntas de reflexión en medio del estudio. Es importante que haya el máximo de interacción en el grupo y que todos tengan la oportunidad de participar para que el contenido presentado sea discutido, analizado, testificado.

Al finalizar cada lección se encuentran preguntas para discusión en grupos pequeños. Si el grupo de estudio tiene

---

[2] Para tener más ideas y sugerencias sobre ese tipo de dinámica en grupo, vea nuestro libro *101 ideas creativas para grupos pequeños*, publicado por la editorial CLIE.

más de cinco o seis personas, lo ideal es dividirlo en grupos más pequeños por un período de tiempo estipulado con anterioridad, para que los hombres dialoguen sobre el contenido. En nuestra experiencia, el tiempo reservado para compartir es el momento más importante del encuentro.

INTRODUCCIÓN
Hombres de verdad

Jerry Glick fue un hombre de verdad. Todo indica que él y dos pasajeros más del vuelo 93, de Newark para Los Ángeles el 11 de septiembre de 2001, impidieron que los secuestradores de ese avión causaran un desastre como había sucedido en New York y Washington pocas horas antes. En una llamada por celular durante el secuestro, Glick dejó instrucciones a su esposa, Lyzbeth, sobre cómo cuidar de la propia vida y de la hija de la pareja, que tenía tan sólo tres meses. Explicó que él y dos hombres más pondrían fin a aquel proyecto siniestro, aun sabiendo que iban a morir por eso. El resto de la historia solamente Dios la sabe. Jeremy Glick murió como héroe – hombre de verdad.

Si de un lado, Glick murió como héroe, Dios, de otro lado, da una tarea más grande a cada hombre: no la de morir por sus amados, pero sí la de vivir por ellos.

El mundo define *masculinidad* en términos de fuerza física, conquistas sexuales, carreras brillantes o aventuras arriesgadas. Ser hombre significa "encarar" el mundo, sacar provecho de los demás, ganar a cualquier precio. Sin embargo, más importante que la manera como el mundo describe la masculinidad es entender y conocer cómo Dios lo hace.

¡Dios define la verdadera masculinidad en la persona de Jesús! Hombres de verdad se parecen a Jesús. El hombre de verdad da la vida día a día por los demás.

Los padres se sienten orgullosos de verdad cuando a un hijo le va bien en una prueba, o un evento deportivo o aún en una audición musical. Imagínese cómo esa alegría aumenta en el caso de que el padre note que los demás quieren imitar a su hijo. De la misma manera, Dios también se alegra y es glorificado en nosotros cuando queremos ser parecidos a su Hijo, ¡Jesús!

El objetivo de la vida, del ministerio y de la iglesia es formar personas a la imagen de Cristo. En Efesios se nos recuerda de que esa es la razón por la cual los dones espirituales (hombres y mujeres "dotados") fueron concedidos a la iglesia: *hasta que todos lleguemos a la unidad de la fe y del conocimiento del Hijo de Dios, a un **varón perfecto**, a la medida de la estatura de la plenitud de Cristo* (Ef 4:13, énfasis nuestro).

A la luz de ese objetivo de la vida cristiana – *varón perfecto* – queremos investigar qué es lo que las Escrituras enseñan sobre la verdadera masculinidad con la finalidad de que podamos cumplir con toda la voluntad de Dios para los hombres. Infelizmente, hay mucha confusión sobre los papeles (roles) del hombre y de la mujer en nuestros días; por eso, se vuelve cada vez más importante volver al punto de origen.

El punto de partida para ser hombres según el corazón de Dios es buscar en la Palabra la voluntad del Padre. El plan de Dios es que Él sea glorificado por la imagen de Cristo Jesús reproducida en nosotros. Por nosotros mismos, será imposible. Pero Dios garantiza que todo hijo que realmente le pertenece, un día será conformado a la imagen de Cristo (Ro 8:29; Flp 1:6).

Dios nos ofrece las cualidades del carácter que identifican a ese hombre. A pesar de que existen muchas listas de virtudes en las Escrituras, dos se destacan por su foco en la vida del hombre: 1 Timoteo 3 y Tito 1. El foco de nuestros estudios estará en el "hombre de verdad" y, para que eso sea posible, haremos uso de las cualidades y características mencionadas en ambos textos. En resumen, su importancia está en el hecho de que esos textos representan atributos de la persona de Cristo que Dios quiere duplicar en sus hijos.

Hombres aislados

El grito de Dios en el jardín del Edén resuena hasta los días de hoy: "¿Adán, dónde estás?"

Infelizmente, existe un fenómeno común entre los hombres: el aislamiento. Aún en la iglesia los hombres son, mucha veces, como islas – alejados, solitarios, anónimos. Muchos hombres se sienten totalmente solitarios, sin un hombre amigo, sin alguien para servir como el *hierro con hierro se aguza* (cf. Pr 27:17).

Normalmente Dios esculpe la imagen del Hijo haciendo uso de esculpidoras. Es justamente en el contexto de las relaciones que el carácter de un hombre es forjado. Como parte de la solución, es necesario rescatar los valores bíblicos de la mutualidad, de la amistad, del discipulado y del rendir cuentas entre hombres. Todo eso, con la mirada en Cristo y orientados por la Palabra de Dios y por el Espíritu de Dios. Hombres de verdad tienen que invertir en la vida de otros hombres.

¿Por qué trabajar con hombres?

Relaciones caracterizadas por el trabajo del hierro que se aguza con el hierro son raras entre el público masculino. El ministerio con hombres en muchas iglesias es débil, o sea, cuando existe. Trabajamos con niños. Reclutamos voluntarios para invertir en los adolescentes y en los jóvenes. Casi todas las iglesias tienen un departamento femenino. Pero ¿y los hombres? Son raros los casos en los que encontramos ministerios dirigidos a los hombres, que equipan hombres como líderes espirituales en casa, en la iglesia y en la comunidad.

Sin embargo, en el Nuevo Testamento, nos encontramos con una estrategia misionera y pastoral que se traduce en el ministerio con hombres. En la cultura oriental del primer siglo, la conversión de un hombre tenía como consecuencia natural la conversión de su familia rápidamente. Quizás sea por eso que el Nuevo Testamento, al relatar determinados eventos en la vida de Jesús, habla del número de *hombres* presentes. Un ejemplo es la alimentación de los cinco mil y de los cuatro mil en los Evangelios. Cuando describe la conversión de Cornelio, Hechos 10 muestra el efecto dominó que llevó toda la familia a Cristo.

No menospreciemos de ninguna manera los valiosos ministerios con mujeres, jóvenes y niños que existen en muchas iglesias. Al contrario, ellos son vitales y significativos. Pero debemos evaluar nuevamente las estrategias ministeriales usadas hasta aquí, con el objetivo de incluir y hacer énfasis en el ministerio con hombres.

El problema está en el hecho de que, como hombres, muchas veces evitamos la prestación de cuentas, la intimidad y un compartir más profundo que revele cómo está nuestra vida y nuestro corazón. El factor precedente de alejamiento, pasividad y omisión establecido en el jardín del Edén (Gn 3:8-12) tiene consecuencias hasta hoy. En las Escrituras vemos cómo David intentó esconder su pecado de adulterio con Betsabé durante un año (Sal 32:3). O, entonces, vemos a Elías aislado, en el desierto, en su momento de desánimo más grande (1 R 19). Jonás se alejó de la ciudad de Nínive en un momento de egoísmo y decepción con Dios (Jonás 4).

El precedente: conocimiento mutuo

La vida y el ministerio de Jesús fueron caracterizados por la inversión intensiva de "vida en vidas", especialmente con los doce apóstoles: *estableció a doce,* **para que estuviesen con él,** *y para enviarlos a predicar* (Mc 3:14, énfasis nuestro).

Dese cuenta de la intimidad, la proximidad, la convivencia y el conocimiento mutuo sugeridos en este texto: *Lo que era desde el principio, lo* **que hemos oído,** *lo* **que hemos visto con nuestros ojos,** *lo* **que hemos contemplado,** *y* **palparon nuestras manos** *tocante al Verbo de vida* (1 Jn 1:1, énfasis nuestro).

El apóstol Pablo enfatizó ese mismo tipo de ministerio al aconsejar al joven ministro e hijo en la fe, Timoteo: *Lo que has oído de mí ante muchos testigos, esto encarga a hombres fieles que sean idóneos para enseñar también a otros* (2 Tim 2:2).

La vida cristiana exige mutualidad. Es imposible huir de los mandamientos bíblicos de la reciprocidad: "unos a los otros". Somos invitados por Dios para:

- Exhortar los unos a los otros (1 Tes 5:11).
- Aconsejar los unos a los otros (Ro 15:14).
- Considerar los unos a los otros para incentivar al amor y a las buenas obras (Heb 10:24,25).
- Estimular los unos a los otros todos los días, de manera que nadie sea endurecido por el engaño del pecado (Heb 3:12-14).
- Confesar los pecados los unos a los otros y orar por los demás (Stg 5:16).
- Restaurar los unos a los otros cuando alguien tropiece y caiga/peque (Gal 6:1).
- Llevar las cargas los unos de los otros (Gal 6:2).
- Amar los unos a los otros como Cristo nos amó y como Dios amó a Cristo (Jn 13:34; 15:12; 17:26).

Una lección de la historia: rendir cuentas

La historia nos muestra la importancia de relacionamientos de mutualidad y rendición de cuentas. Por ejemplo, el gran evangelista John Wesley, creó un plan para el metodismo que incluía tres círculos concéntricos de rendición de cuentas y mutualidad.

1. La sociedad (comunidad, para juntos rendirle culto a Dios).

2. La clase (grupos de más o menos doce personas reunidas para la enseñanza).

3. La célula[3] (grupo pequeño de cinco o seis personas del mismo sexo para mutualidad y rendición de cuentas).

---

[3] El nombre dado para ese grupo fue "bando", pero, por el hecho de que la palabra puede tener un sentido peyorativo, preferimos usar el término "célula".

El compromiso de los miembros de las células de Wesley era muy estricto: encontrarse por lo menos una vez por semana; llegar puntualmente a la reunión; hablar libre y abiertamente sobre el verdadero estado del alma, sobre las fallas cometidas en pensamiento, palabra o acción, así como las tentaciones enfrentadas desde el encuentro anterior; y, por último, terminar la reunión con una oración adecuada al estado de cada persona presente.

John Wesley hacía cuatro preguntas a los miembros de sus células:

1. ¿Cuáles son los pecados que cometió desde nuestro último encuentro?
2. ¿Cuáles son las tentaciones que enfrentó?
3. ¿Cómo consiguió librarse de ellas?
4. ¿Qué fue lo que usted pensó, habló o hizo, sobre lo que haya sido su duda si es pecado o no?

Ese modelo de rendición de cuentas ha sido muy útil para otros hombres a lo largo de la historia. Vea algunos modelos de preguntas que algunos hombres han usado en la búsqueda de un carácter aguzado por otros hombres:

Modelo 1:

1. ¿Limité el tiempo que gasto viendo deportes y TV?
2. ¿Fui fiel en liderar la familia en nuestro culto doméstico?
3. ¿Busqué el reconocimiento de hombres y su aplauso de forma directa o sutil?
4. ¿Calmé mi corazón diariamente ante el Señor en dependencia y humildad a Él?
5. ¿Tuve accesos de ira en casa con mis hijos o mientras manejaba el carro?
6. ¿Violé el pacto con mis ojos (Job 31:1), fijándolos en propagandas, personas o páginas web inadecuadas y/o pornográficas?

Modelo 2:

1. ¿Pagué todas mis cuentas sin deberle nada a nadie?
2. ¿Separé tiempo para conversar/pasear con mi esposa?
3. ¿Le conté la vedad en todas las situaciones, sin exagerar o sin hipocresía, intentando aparentar algo que no soy?
4. ¿Fui fiel y honesto en todos mis negocios, usando bien mí tiempo y haciendo lo mejor posible dentro de mis habilidades y tiempo?
5. ¿Traté a mi esposa con rabia o amarguras?
6. ¿Me expuse a algún material sexualmente explícito o inadecuado?

> ### Desafío
>
> Piense en la posibilidad de desarrollar una relación de rendición de cuentas con uno o más hombres. Quizás usted podría preparar su propia lista de preguntas de rendición de cuentas para ser compartida. Sugerimos de 5 a 8 preguntas relacionadas a su vida personal y espiritual; de esas preguntas, por lo menos DOS deben ser sobre áreas de "alto riesgo", o sea de tentación o pecado que usted enfrenta.

En esta serie de estudios de las cualidades del carácter del hombre de Dios, analizaremos punto por punto las marcas de un hombre exitoso de verdad de acuerdo a la perspectiva divina. Después de entender el significado bíblico de cada cualidad, dentro de su contexto, aplicaremos cada principio a la vida del hombre de hoy. Siempre terminaremos con preguntas para discusión o reflexión, para que en grupos pequeños los hombres puedan interactuar y ser desafiados por las experiencias de vida de sus compañeros.[4]

---

[4] En el apéndice C, "Ministerio con hombres", usted encontrará una serie de parámetros e ideas creativas para ese ministerio.

Vale la pena repetir, si es que aún no está claro: nuestros propósitos son:
1. Discutir y aplicar lo que descubrimos de la enseñanza bíblica sobre las cualidades de un hombre de Dios.
2. Rendir cuentas los unos a los otros.
3. Orar unos por los otros.

¡Que Dios nos guie en esta aventura en dirección al objetivo de ser un hombre exitoso de verdad!

PREGUNTAS PARA GRUPOS PEQUEÑOS

1. Comparta sus reacciones (positivas o negativas) ante el desafío de "rendir cuentas" mutuamente. ¿Usted resiste a esa idea? ¿Le gusta la idea? ¿Cuáles son las ventajas y desventajas de esa práctica?
2. Comparta las dificultades que usted tiene en áreas de la vida espiritual como: lectura diaria de la Palabra, liderazgo espiritual del hogar, oración conyugal, ética en los negocios etc.
3. Enumere algunos pedidos de oración personales para que sean recordados en el próximo encuentro.

1

SE BUSCAN:
Hombres de Dios *irreprensibles*

Jesse James era un bandido famoso en los años siguientes a la Guerra Civil en los Estados Unidos. Junto con su hermano Frank hicieron pandillas que aterrorizaron dueños de bancos, ferrocarriles y correos. Durante años, los dos evitaron las autoridades, especialmente los agentes especiales de la empresa de seguridad Pinkerton. Afiches de "Se buscan: Jesse y Frank James" estaban esparcidos por el país. Jesse James fue uno de los hombres más buscados en la historia de los Estados Unidos. Hasta que un día, recibió un tiro en la cabeza mientras limpiaba un cuadro en la pared de su cocina. Un miembro nuevo de su última pandilla traicionó su confianza, con la esperanza de recibir la recompensa ofrecida por el gobernador del Estado.

Jesse James fue buscado justamente por causa de su carácter perverso, pero Dios está buscando hombres con carácter similar al de su Hijo. Imaginemos un "afiche divino" que diga: "Se buscan: Hombres de Dios irreprensibles".

¿Qué se le ocurre cuando oye a alguien que es presentado como "hombre de Dios"? Desafortunadamente, muchas veces la designación se justifica por el hecho de que la persona tiene una oratoria impresionante, una posición de influencia en la denominación, libros escritos o quien sabe, un programa semanal de radio o televisión.

Ser figura pública no califica a una persona como "hombre de Dios". El estudio cuidadoso sobre las cualidades del carácter de un hombre de Dios en 1 Timoteo 3 y Tito 1 revela que tener habilidad retórica o personalidad carismática no es un pre--requisito.[5] Infelizmente, no es raro que la apariencia externa o pública del líder espiritual no equivalga a la realidad.

Por ejemplo, una investigación realizada con más de 1050 pastores reveló que:

- 808 (77%) no creían que tenían un buen matrimonio.
- 399 (39%) eran divorciados o en vías del divorcio.
- 315 (30%) ya tuvieron un caso sexual.
- 35% de los pastores tenían problemas con el pecado sexual.
- 1 de cada 7 llamadas telefónicas de pastores para un ministerio de apoyo pastoral trataba de algún vicio sexual.[6]

El pueblo de Dios espera que sus líderes sean hombres de Dios, ejemplos para el rebaño (1 P 5:3). Pero no siempre es lo que encuentran. Obviamente, el mismo principio se aplica a aquellos que aún no fueron reconocidos y designados como líderes espirituales. Para ser un "hombre de Dios" es necesario desarrollar cualidades de carácter *interiores* y no solamente acciones *exteriores*. Pero esta es una responsabilidad de todos los hombres, no sólo de los líderes.

---

[5] La característica más cercana mencionada es "apto para enseñar", que se exigía a los presbíteros y del pastor/maestro responsable por alimentar la iglesia. Sin embargo, no significa necesariamente que el hombre debe ser un orador profesional, y sí que él debe ser capaz de transmitir fielmente las verdades registradas en las Sagradas Escrituras, sea individualmente o en grupos más grandes.

[6] Krejcir, Richard J. Dr., Statistics on pastors. Disponible en http://www.intothyword.org/apps/articles/?articleid=36562

El hombre de Dios en el Antiguo Testamento

En el Antiguo Testamento, el término "hombre de Dios" fue utilizado para identificar aquellos que ocupaban una posición de distinción como mediadores de la Palabra y de la voluntad de Dios, como Moisés (Dt 33:1; Jos 14:6; 1 Cr 23:14; Esd 3:2), Samuel (1 S 9:6-10), Elías (1 R 17:18,24), Eliseo (2 R 1:9-13; 5:8-15), David (Neh 12:24,36; Jer 35:4) y otros profetas (1 S 2:27; 1 R 13:1; 2 Cr 25:7,9).[7]

El hombre de Dios en el Nuevo Testamento

En el Nuevo Testamento, la frase "hombre de Dios"[8] sucede solamente dos veces, justamente en las epístolas pastorales:

*Mas tú, oh **hombre de Dios**, huye de estas cosas* [el amor al dinero], *y sigue la justicia, la piedad, la fe, el amor, la paciencia, la mansedumbre* (1 Tim 6:11, énfasis nuestro).

[Toda la Escritura es inspirada] *a fin de que el **hombre de Dios** sea perfecto,*[9] *enteramente preparado*[10] *para toda buena obra* (2 Tim 3:17, énfasis nuestro).

Es difícil describir una cualidad del carácter que sea abstracta. Sin embargo, por lo escrito arriba, podemos decir que "un hombre de Dios" es una persona que tiene las características (la imagen) de Dios en el día a día. Es alguien que huye de la avaricia, es justo, piadoso, fiel, amoroso, constante (la palabra "constancia" en 1 Timoteo 6:11 significa paciente o perseverante), manso y listo para servir a aquellos a su alrededor – ¡una descripción exacta del carácter de Jesucristo!

Notamos que ser un hombre de Dios tiene más que ver con el carácter particular del hombre que, con su *desempeño* público. También es notable ver que, en la lista de cualidades del carácter mencionada, el comportamiento del hombre *en la casa*

---

[7] En hebreo *ʾîš (hā) ʾelōhîm*. Myers, A.C. et al. The Eedrmans Bible Dictionary. Grand Rapids, MI: Eedrmans, 1987, p. 684.

[8] ὁ τοῦ θεοῦ ἄνθρωπος (2 Tim 3:17); ἄνθρωπε θεοῦ (1 Tim 6:11).

[9] ἄρτιος, que significa "completo", "capaz de cumplir exigencias".

[10] ἐξηρτισμένος, o sea, "equipado", "que tiene lo necesario".

recibe el énfasis principal, como veremos más adelante. Como dice el dicho, "Ningún éxito en la vida compensa el fracaso en el hogar". Soy realmente el que soy *en la casa*, el lugar donde las máscaras caen y el *show* se acaba y donde revelo mi verdadero "yo". En la intimidad del hogar descubrimos si la persona es de hecho un hombre de Dios.

Cuando el apóstol Pablo instruyó a Timoteo (en la antigua cidade de Éfeso) y a Tito (en Creta) sobre el caráter de los hombres que servirían para liderar sus respectivas iglesias, proporcionó a ellos y a nosotros uma lista representativa de lo que significa ser un "hombre de Dios".

En ambas listas de las cualidades del carácter del líder espiritual (1 Tim 3:2 y Tit 1:6), el primer punto que encontramos es: *irreprensible*. El hombre de Dios debe ser una persona que se parezca a Jesucristo, que refleje la imagen del Maestro ante los hombres, alguien que sea conocido por el buen testimonio ante los hombres y que represente bien la iglesia de Jesús. Podemos resumir diciendo que se trata de un "macho sin mancha", de la misma manera como los corderos sacrificados en el Antiguo Testamento, pues su vida será un sacrificio de loor al servicio de Dios.[11]

Sería difícil sobrestimar la importancia y el poder que la dignidad de carácter tiene en la vida de ese hombre. Su vida sirve de espejo de la gloria de Dios y de la persona de Jesús (Cf. Gen 1:26,27; Ef 5:32).

Las cualificaciones de los líderes espirituales mencionadas en seguida exponen cualidades del carácter no sólo de pastores, presbíteros y diáconos.[12] Con la posible excepción de "apto para

---

[11] Dese cuenta que, en el NT, los presbíteros/obispos/pastores son hombres. Todos los adjetivos en el texto son masculinos, y la primera calificación establece que se trata de un "marido de una sola mujer". Cf. Kent Jr. Homer A. *The pastoral epistles.* Chicago: Moody Press, 1982, p. 121.

[12] Hay muchos paralelos entre las listas, que se dividen en calificaciones de presbíteros/obispos/pastores (términos intercambiables, vea Hechos 20:17,28) y diáconos. Por eso, en esta serie de estudios, vamos a considerar las listas como un conjunto de cualidades que Dios quiere ver reproducidas en todos los hombres.

enseñar", *todas las cualidades de carácter describen lo que Dios espera de todos los hombres.* Las listas sirven para trazar el perfil del tipo de hombre que, aun imperfecto, ha progresado mucho en dirección a la semejanza de Cristo.

El texto de 1 Timoteo 3:1 empieza: *si alguno anhela el obispado* [supervisión de la iglesia, casa de Dios], *buena obra desea.* O sea, ¡una obra buena obra exige buenos "obreros"! No todos los hombres aspiran cargar la carga de cuidar una iglesia local como líderes espirituales. Pero todos deben desear el tipo de carácter que define a alguien como apto para ese ministerio.

Como haremos en todas las demás lecciones, empezaremos analizando exactamente lo que significa el término "irreprensible" para, a continuación, verificar cómo se aplica a nuestra vida personal.

> **Cualidad del carácter:** "irreprensible"
>
> **Textos:** 1 Timoteo 3:2,10; Tito 1:6

Contexto cultural

En la iglesia primitiva, como actualmente, había la necesidad urgente que los cristianos, y especialmente los líderes, tuvieran una reputación inculpable, que atrajera un mundo hostil para el evangelio de Jesucristo. En el contexto de 1 Timoteo, observamos que los falsos maestros estaban manchando el nombre de Cristo, del evangelio y de la iglesia. Por lo tanto, eran necesarios líderes aptos y dignos que atrajeran las personas a la fe cristiana.[13]

---

[13] FEE, Gordon D. *1 and 2 Timothy, Titus*. Peabody, Massachusetts: Hendrickson Publishers, 1988, p. 78,79 (New International Biblical Commentary).

Observaciones iniciales

1. Las listas de cualificaciones dicen sobre todos los hombres, no solo a los líderes (1 Tim 2:8).
2. Solamente la gracia de Dios es capaz de producir tales cualidades, ya que representan la vida de Cristo en nosotros (Jn 15:5). ¡No nos desanimemos! Estamos en proceso y Dios no completó aún todo el trabajo que tiene que hacer en cada uno (Flp 1:6).
3. La "irreprensibilidad" de un hombre no es autodefinida, sino, identificada por el cuerpo local de Cristo, por esas personas que puedan certificar su integridad: *Alábete el extraño, y no tu propia boca; El ajeno, y no los labios tuyos* (Pr 27:2).

De acuerdo a la mayoría de los comentaristas, "irreprensible" es una cualidad sintética, o sea, un resumen de las cualidades mencionadas posteriormente. Por lo tanto, el término sirve de cenefa o título, englobando todas las demás cualidades del carácter. Estamos ante una característica que apunta hacia hombres de buena reputación escogidos para servir a la iglesia primitiva en el libro de Hechos (Hch 6:3). Son hombres cuyo carácter es capaz de atraer personas a la iglesia y a Jesús.

Vea el diagrama:

IRREPRENSIBLE

> Marido de una sola mujer
>
> Sobrio, prudente, decoroso
>
> Hospedador
>
> Apto para enseñar
>
> No dado al vino
>
> Etc.

Término y significado

Irreprensible[14] (1 Tim 3:2) significa "por encima de cualquier censura o recriminación, inculpable";[15] alguien que no puede ser (justamente) acusado o "sorprendido" en algún tipo de iniquidad o injusticia. El énfasis aquí está en el tipo de reputación que sería un crédito a la iglesia".[16]

El término usado para *irreprensible* en los textos paralelos de 1 Timoteo 3:10 y Tito 1:6,7 es un sinónimo y trae la misma idea de estar "por encima de la acusación, inculpable".[17]

Es importante destacar que "irreprensible" no quiere decir perfecto. El foco está en el tipo de carácter de un hombre íntegro que, si erra, admite el error; si peca, confiesa el pecado; si debe algo, arregla las cuentas; y, si ofende, restaura la relación (cf. Pr 28:13).[18]

La persona irreprensible no deja ningún "gancho" en su vida al cual un adversario pudiera agarrarse, para sacar provecho de ella y arrastrarla a un tribunal de justicia. En otras palabras, no existen "cabos sueltos" en su carácter que

---

[14] ἀνεπίλημπτον

[15] Mounce, William (*Word Biblical Commentary 46: Pastoral Epistles*. Nashville: Thomas Nelson, 2000, p.170) sugiere que el adjetivo es una forma compuesta del privativo "a" ("no"); por lo tanto, ἐπίλημπτο, que quiere decir "culpable, sorprendido", pasa a significar "no culpable".

[16] Mounce, William. *Word Biblical Commentary 46*, p. 170.

[17] Para otras utilizaciones de ese término, vea 1 Corintios 1:8 (sobre la actuación de Cristo en la santificación final del cristiano): *el cual también os confirmará hasta el fin, para que seáis* **irreprensibles** *en el día de nuestro Señor Jesucristo*. Y Colosenses 1:21,22 (sobre la santificación posicional y final del cristiano): *ahora os ha reconciliado en su cuerpo de carne, por medio de la muerte, para presentaros santos y* **sin mancha e irreprensibles** *delante de él* (Énfasis nuestros).

[18] Otras utilizaciones del término: 1 Timoteo 5:7 (sobre viudas dignas de mantenimiento): *Manda también estas cosas, para que sean* **irreprensibles**; 1 Timoteo 6:14 (palabras finales para Timoteo): *que guardes el mandamiento sin mácula* **ni represión**, *hasta la aparición de nuestro Señor Jesucristo*.

podrían causar un daño en su reputación. Todo lo que tiene que ser arreglado es debidamente arreglado. Como bien fue dicho por Hiebert: "Debe ser un hombre sobre el cual no circulen acusaciones sobre su pasado o presente".[19] Él practica lo que Jesús dijo en el Sermón del Monte: *Por tanto, si traes tu ofrenda al altar, y allí te acuerdas de que tu hermano tiene algo contra ti, deja allí tu ofrenda delante del altar, y anda, reconcíliate primero con tu hermano, y entonces ven y presenta tu ofrenda* (Mt 5:23,24). Así, no es "culpable" ante la comunidad.

Aplicaciones

1. ¿Usted tiene "cuentas pendientes" en la vida que lo hacen sujeto a acusaciones? ¿Existen personas que pueden acusarlo de algo aún no resuelto (Mt 5:23-26)? Piense en algunas de estas opciones:
   - Palabras impensadas
   - Pecados sexuales pasados
   - Falta de disciplina moral
   - Negocios ilícitos
   - Falta de moderación
   - Avaricia
   - Hijos fuera de control
   - Reputación sospechosa
   - Ética cuestionable
   - Lenguaje obsceno
   - Ira o amarguras no resueltas

Importante: Si usted tiene dudas sobre hasta qué punto es necesario aún "arreglar las cuentas", un pecado del pasado, busque un consejero sabio y fiel a Dios. Existen situaciones en que el camino sabio es clamar por el perdón de Dios y

---

[19] Hiebert, D. Edmond. *Titus and Philemon*. Chicago: Moody Press, 1957, p. 31 (Everyman's Bible Commentary).

no entrar en contacto con las personas (por ejemplo, una ex novia o ex prometida). También tenemos que recordar que nuestra responsabilidad es hacer todo lo que depende de nosotros (cf. Ro 12:17,18) para mantener la paz con nuestros hermanos. A veces, una persona simplemente no quiere reconciliarse con nosotros; por lo tanto, tendremos que dejar el asunto en las manos de Dios sin sentir culpa.

2. Es justamente en el contexto del hogar que el verdadero carácter de un hombre se revela. ¿Si alguien entrevistase su esposa o sus hijos, ellos dirían que usted es un hombre "irreprensible"? Si usted es soltero, ¿qué dirían sus compañeros y amigos sobre usted?

Sabiendo que nadie es perfecto, es obvio que usted ya falló en sus deberes como marido, padre, hermano, hijo, ¿ya le pidió perdón a la esposa, a los hijos, hermanos o papás por las ofensas cometidas? ¿Y a los vecinos? ¿A los compañeros de estudio? ¿A los compañeros de trabajo? ¿A otros parientes? ¿A la iglesia?

Conclusión

Jesse James fue buscado por la justicia norteamericana hasta el día de su trágica muerte. Pero Dios busca "hombres de Dios", para darles vida: *Porque los ojos de Jehová contemplan toda la tierra, para mostrar su poder a favor de los que tienen corazón perfecto para con él* (2 Cr 16:9).

Como hombres, somos llamados para tener una vida de integridad. Debemos ser sinceros, sin hipocresía y transparentes. Esas cualidades de carácter, aspectos de la "irresponsabilidad", requieren una identidad edificada en Jesucristo. Si no fuera por el sacrificio de Cristo en la cruz, que anuló para siempre la lista negra de nuestras ofensas (Col 2:4), nadie tendría condiciones de volverse "irreprensible". ¡Pero, en Cristo, *no hay más condenación para nosotros* (Ro 8:1)! La obra libertadora de Cristo en su muerte y resurrección garantiza a todos una nueva vida. Ya no necesitamos de máscaras y podemos vivir de manera valiente la vida que Cristo tiene para nosotros (Gal 2:19,20). En Cristo, podemos admitir nuestras fallas y rendir cuentas de actitudes, pensamientos y motivaciones que estén en desacuerdo con la voluntad de Dios. Cuando estamos seguros en Cristo, nuestra vida puede ser un "libro abierto" con todas las cuentas al día (Stg 5:16; Ef 5:12; Pr 28:13).

PREGUNTAS PARA GRUPOS PEQUEÑOS

1. En la lista de cualidades de 1 Timoteo 3:1-7, ¿Cuáles serían dos o tres áreas más débiles en las cuales usted necesita más de la gracia de Dios para llegar a ser un hombre "irreprensible"?

2. ¿Usted qué ha hecho (o desea hacer) para mejorar esas áreas?

3. ¿Usted consigue recordar algunas áreas en la vida en que aún tiene "cuentas por saldar"?

- ¿Un pecado no confesado?
- ¿Una relación tensa que aún podría arreglar con una actitud humilde (en cuanto dependa de vosotros, cf. Ro 12:18)?
- ¿Una deuda financiera no saldada (Ro 13:18)?
- ¿Una situación en la casa que tiene que ser resuelta?

Oren los unos por los otros, por valor, sabiduría y gracia para "arreglar las cuentas" y tener un carácter irreprensible que refleje la imagen de Jesucristo para la gloria del Padre (Stg 5:16).

2

MARIDO
de una sola mujer (I)

Cuando era joven, tres de mis pastores fueron sorprendidos en situaciones de adulterio o "indiscreción" sexual. Los tres abandonaron el ministerio; sin embargo, uno, que no llegó a consumar la relación física, fue restaurado posteriormente al ministerio, después de una dura confesión a la esposa, mucha consejería y acompañamiento.

Nunca podré olvidar los efectos que cada situación provocó en las respectivas iglesias: Gran tristeza, decepción, división, personas abandonando la iglesia, otras siguiendo el ejemplo de sus líderes; no tardó para que hubiera una tragedia protagonizada por el pecado. Fueron lecciones de las cuales, como hombre, nunca quiero olvidar. Como dice Proverbios: *Mas el que comete adulterio es falto de entendimiento; corrompe su alma el que tal hace.*

Hoy la inmoralidad sexual alcanza proporciones de una epidemia en América Latina y en el mundo. Algunas investigaciones sugieren que uno en cada tres hombres ha traicionado a su esposa. A modo de ejemplo veamos: "una investigación sobre el tema publicada a principios de 2012, realizada en México, revela que en años recientes esta práctica se ha incrementado en México. Los resultados del estudio muestran que 15 por ciento de las mujeres y 25 por ciento de los hombres han mantenido alguna vez en su vida relaciones con personas que no son su pareja. Y si se contabilizan las infidelidades sólo emocionales, es decir, que no involucraron sexo, los números se elevan a 35 por ciento en el caso de mujeres y 45 para los varones"[20] La pornografía quizás sea el arma actual más eficaz del enemigo para derrumbarnos, descalificarnos y destruirnos. ¡Estamos en una guerra (vea Ef 6:10-20 en el contexto de Ef 5:22-6:9)!

Las estadísticas pueden ser un arma de doble filo. De un lado pueden llevar a acomodarse, si la persona descubre que no está sola y que, de acuerdo con los números, muchos tienen las mismas luchas y dificultades que ella (o hasta peores). De otro lado, las estadísticas también pueden llevar al orgullo, si la persona se cree mejor que sus compañeros, por nunca haber caído en ese tipo de tentación.

Aun así, las investigaciones, incluso las de otro país americano, nos pueden alertar sobre los peligros desconocidos, o inclusive, ignorados. Por eso, mencionamos algunos datos que aclararán por qué la batalla de ser "marido de una sola mujer" envuelve hombres en una lucha feroz y constante en medio de un mundo maníaco por el sexo.

— En 2007, la pornografía global rindió alrededor de U$ 20 mil millones.

— En 2012, la academia americana de abogados matrimoniales reportó que:

- 68% de los divorcios envolvían un cónyuge que encontró un amante en internet.
- 56% de los divorcios envolvían un cónyuge con un interés obsesivo por páginas web pornográficas.
- 47% de los divorcios envolvían tiempo en exceso en el computador.
- 33% de los divorcios envolvían tiempo gastó en salas de chat.

— De acuerdo con datos sobre la utilización de internet, aquellos que frecuentan cultos religiosos son 26% con menor inclinación para ver pornografía que los que no van a la iglesia.

---

[20] [NE] http://www.sinembargo.mx/13-10-2012/395862 visto el 19/11/2015

— En 2006, una investigación calculó que:
- Hasta 50% de los hombres que se dicen cristianos y 20% de las mujeres que se dicen cristianas tienen un vicio pornográfico.
- 33% de los pastores admiten que ya visitaron una página web de pornografía explícita.
- 75% de los pastores dijeron que no rinden cuentas a nadie por la utilización de internet.

— En 2012, de los 1.351 pastores entrevistados, 54% dijeron que habían visto pornografía en internet en el año inmediatamente anterior, o en los últimos 30 días.[21]

Ante las estadísticas tan asustadoras y ataques que no paran contra la pureza moral, ¿cómo podemos ser "maridos de una sola mujer" de cuerpo y mente? ¿Cómo el hombre puede mantener puro su camino (Sal 119:9)?

Hoy más que nunca, necesitamos de una dependencia del Señor sin interrupciones, que produzca verdadera vida en nosotros. ¡Nuestra debilidad es un recuerdo constante de cuánto necesitamos de Cristo! ¡La guerra fue vencida en la cruz y en la resurrección de Cristo, pero debemos enfrentar la batalla de cada día. El pecado no tiene más dominio sobre nosotros (Ro 6:11-14)!

La primera cualidad del carácter específica mencionada por Pablo es *marido de una sola mujer*. Su significado tiene que ser debatido y discutido. ¿Qué significa ser marido de una sola mujer? ¿Por qué ocupa un lugar de distinción en las listas de cualidades? ¿Qué revela sobre Dios y, más específicamente, sobre la relación entre Cristo y la iglesia?

Observaciones iniciales

1. La calificación *marido de una sola mujer* aparece en las tres listas de cualidades del carácter escritas por

---

[21] *Pornography Statistics* (Covenant Eyes, 2013). Ese librito gratuito está disponible en: www.covenanteyes.com Incluye más de 250 estadísticas, citaciones y otras informaciones de investigaciones realizadas sobre pornografía especialmente entre cristianos en los últimos 15 años.

Pablo (1 Tim 3:2,12: Tit 1:6), además de ser también el primer punto considerado cuando se trata de presbíteros/pastores de la iglesia. *La fidelidad del hombre a la esposa es una de las pruebas principales para evidenciar su verdadero carácter.* Está relacionada con el hombre en la casa y tiene que ver con su corazón (el hombre interior, cf. Mt 5:27-30). El hombre de Dios da evidencias claras de ser un hombre dedicado exclusivamente a una sola mujer en todos los sentidos.

2. En esta lista de cualidades del carácter, recibe especial atención el comportamiento del líder en la casa: su casa está abierta, sin nada para esconder (*hospedador*), y él tiene los hijos bajo control (un ejemplo vivo de su habilidad para pastorear el rebaño). Note que Efesios 5:17-6:9 y Colosenses 3:16-21 también asocian carácter espiritual (plenitud del Espíritu y plenitud de la Palabra) con la conducta en el ambiente doméstico. Sin duda, podemos afirmar: "¡Soy el que soy *en la casa*!"

3. Es un mito decir que es imposible vencer la tentación sexual. ¡De acuerdo con lo que leemos en Romanos 6:11-14, el cristiano deja de ser un esclavo de sus deseos y pasa a ser un siervo de Jesucristo!

Vamos a analizar el significado de esa frase y su importancia en la vida del verdadero hombre de Dios.

Cualidad del carácter: *marido de una sola mujer*

Textos: 1 Timoteo 3:2,12; Tito 1:6

Término y significado: *Marido de una sola mujer* (1 Tim 3:2; Tit 1:6) [μιᾶς γυναικός ἄνδρα]

El texto original enfatiza la palabra "una", que aparece anticipada en la frase; literalmente, "de una mujer, marido". La idea es que una, y solamente una mujer está en el corazón y en la mente del hombre de Dios. "El determinante numeral 'una' recibe énfasis en la frase; por lo tanto, se infiere que el líder no puede tener nada que ver con otra mujer: el pecado conyugal descalifica al hombre para la tarea de supervisión [de la iglesia]" (Kent Jr.,

> Homer A. *The pastoral epistles*, p. 122). Él, al mismo tiempo, debe estar totalmente dedicado a ella, tanto en su comportamiento público como en el particular dando evidencias de ello. Nadie puede acusarlo de ser un "don Juan", playboy o mujeriego. Las personas que lo conocen – esposa, compañeros, vecinos – dan prueba de eso. *¡En la búsqueda de líderes dignos de la familia de Dios, Timoteo y Tito usarían el filtro del matrimonio y de la fidelidad conyugal para la primera evaluación!*

El hombre de Dios es consagrado y fiel a la esposa, en pensamiento y en actitudes. Esa fidelidad a la alianza conyugal sirve de reflejo de la fidelidad de Jesús sobre el pacto que Él tiene con la iglesia (Ef 5:32,33); también sirve de espejo del compromiso e intimidad, unidad en la diversidad y de los papeles que existen en la propia Trinidad (Gen 1:26,27). Por eso, y especialmente a la luz de la promiscuidad predominante en esos días (¡y hoy!), el testimonio de la fidelidad sexual del hombre sería algo impactante en la comunidad. Sería una evidencia de la actuación sobrenatural de Dios, un ejemplo de "sal y luz" que atraería a las personas a Cristo.

Note que esa cualidad del carácter es presentada de manera positiva, no negativa. La orden divina podría ser: "no sea un adúltero". No obstante, el énfasis está en la devoción del hombre de Dios a la esposa, no en el hecho de nunca ser agarrado en inmoralidad.[22] Todo indica que el hombre está viviendo hoy una vida de devoción y exclusividad con la propia esposa, en las esferas emocional, física y espiritual.

Pureza moral no se limita al ámbito externo; se refiere también al interno. Con seguridad el factor externo sería más visible y fácil de evaluar cuando Timoteo y Tito estuvieran buscando posibles líderes para el rebaño en sus respectivas iglesias. Sin embargo, en las palabras de Jesús, entendemos que el corazón es la esencia de la cuestión: Oísteis que fue dicho: No cometerás adulterio. *Pero yo os digo que cualquiera que mira a una mujer para codiciarla, ya adulteró con ella en su corazón* (Mt 5:27,28).

---

[22] Encontramos una declaración similar de exclusividad en Cantares 2:16; 6:3; 7:10: *Mi amado es mío, y yo soy suya.*

Esa cualidad de carácter incluye tanto a hombres casados como solteros; nada en el texto indica que el hombre puede ser un *playboy* hasta el momento de asumir los votos conyugales y después automáticamente volverse un marido consagrado y puro. Al contrario; los hábitos establecidos en la juventud influyen mucho la pureza moral después del matrimonio.

> ### Desafío
>
> Todo hombre que es honesto consigo mismo se une a Pablo en esta pregunta: "¿Quién es autosuficiente para esas cosas?" La respuesta es tener la mente renovada diariamente, momento tras momento, en dependencia humilde y quebrantamiento de espíritu delante de Jesucristo (Ro 12:1,2).

Conclusión

- En sentido **positivo**, que es el centro del texto, el hombre de Dios necesita ser completamente dedicado a la esposa, en manifestación de la bondad y consideración, en palabra y pensamientos, en expresión de amor y cariño etc. (1 P 3:7; Ef 5:25s). La mujer es su única y suficiente esposa, amiga a quien él le dedica atención y por la que se entrega (Pr 5:15-19).

- El sentido **negativo** de la frase sería que el hombre no es promiscuo. De esa manera, no existirían hábitos sexuales ilícitos, vicios sexuales, prácticas de promiscuidad "virtual", fantasías sexuales extraconyugales. A pesar que muchos no estén de acuerdo hoy, existe una buena probabilidad de que *marido de una sola mujer* excluye del liderazgo espiritual de la iglesia, a hombres divorciados y casados de nuevo. Esa cuestión envuelve muchas consideraciones exegéticas que no pueden ser tratadas aquí. Vea el apéndice D para obtener una lista de las maneras como los estudiosos han interpretado *una sola mujer* y sus implicaciones para el ministerio pastoral.

Una vez más, reconocemos que el alto patrón divino es imposible de ser alcanzado sin una dependencia única y exclusiva de Jesús. Al mismo tiempo, la gracia de Dios nos capacita y también cubre una multitud de pecados. Cuando reconocemos que tenemos fallas, tratamos a todos con misericordia y amor, sin considerar a los demás como ciudadanos de segunda clase. Al respecto de los hombres divorciados y casados de nuevo, Dios quiere que su matrimonio actual sea exitoso y que su vida desafíe a otros hombres a luchar con todas las fuerzas para conservar sus matrimonios. Para aquellos que luchan con una historia de sexualidad retorcida, Dios quiere transformar sus pensamientos y hábitos con la renovación de su mente. Más allá de todo, reconocemos el alto valor que Dios le da al matrimonio y a la fidelidad sexual, y clamamos a Él para que seamos hombres puros y fieles antes y durante el matrimonio.

PREGUNTAS PARA GRUPOS PEQUEÑOS

1. ¿Cuáles los momentos de más tentación sexual en su vida? ¿Cuándo suceden? ¿Dónde? ¿Por qué? ¿Cómo puede causar un "corto circuito" en esos momentos de alta tensión?

2. ¿Cuáles son algunas disciplinas que usted ha practicado y que le pueden ayudar a ser *marido de una sola mujer*?

3. Evalúe esta declaración: "La victoria sobre la tentación sexual es alcanzada ANTES de la batalla, en el campo de entrenamiento, no en el calor de la guerra". ¿Está de acuerdo o no? ¿Por qué?

4. Lea esta lista de sugerencias prácticas para la guerra contra la tentación sexual. ¿Cuáles ya practicó? ¿Cuáles pueden ser usadas?

    - Intentar tener transparencia con la esposa (rendir cuentas) aliado al hecho de tener una vida sexual dinámica como pareja (Pr 5:15-19).

    - Participar en grupos de rendir cuentas (Stg 5:16).

    - Disciplinar la boca (habla) y el corazón (Mt 15:18,19; v. Ef 5:3-5).

    - Aplicar filtros en los canales televisivos de entretenimiento, red social etc. (Flp 4:8; Sal 101).

    - ¡Memorizar las escrituras (Sal 119:9,11), especialmente Romanos 6:11-14!

    - Planear viajes cuidadosamente (Ro 13:14).

    - Llamar a casa constantemente cuando esté viajando.

¡Oren los unos por los otros, por valor en esta área de gran tentación!

3

MARIDO DE UNA SOLA MUJER (II):

La pornografía y el hombre de Dios

Hace algún tiempo, la mamá de nuestra nuera recibía clientes en la casa y les mostraba colecciones de fotos de eventos promovidos por su empresa. Pero el latido interminable de la mascota a la entrada de la casa estaba estorbando la conversación. Cuando Silvana fue a verificar la causa de la confusión, de un momento a otro una serpiente de tres metros salió debajo de un mueble, la agarró por el calcañar e intentó arrastrarla de regreso al escondite. Era una pitón africana, animal de estimación que probablemente había escapado de la jaula del algún vecino incauto.

Gracias a Dios, Silvana sobrevivió al ataque inesperado. ¡Las noticias no fueron tan buenas para la serpiente! ¿Quién se habría imaginado una pitón africana de aquel tamaño dentro de casa?

Infelizmente, existe una serpiente más peligrosa, escondida en el hogar de la mayoría de nosotros. Se llama "tentación sexual". Se esconde en lugares acogedores como revistas, programas de TV, DVDs y, principalmente hoy, en internet. Es un peligro visible y está en su casa y en la mía.

Ya vimos cómo Dios llama a los hombres para una vida de integridad y pureza sexual, exclusivamente dedicada a una sola mujer (1 Tim 3:2). Dios quiere que cada uno sea marido de una sola mujer. Por causa de la seriedad de la pureza sexual, especialmente en los días en los que vivimos, vamos a tratar algunos aspectos de ese tema, exactamente para vencer la batalla de la pureza.

Cierta ocasión alguien comentó: "En internet, la gente navega o naufraga". Lo que puede ser una gran fuente de crecimiento para nuestra vida, familia, trabajo y ministerio, también es capaz de destruirnos. Lo que antes exigía esfuerzo, dinero y cierta desenvoltura (por ejemplo para entrar en un almacén y comprar una revista pornográfica). Hoy se reduce a dos comandos de voz y de toque, a la distancia, en algún dispositivo electrónico. Todo en el anonimato, oculto y particular. ¡Acceso fácil, rápido y moderno que ofrece gratificación inmediata a deseos sexuales, que pueden ser satisfechos sin envolverse o dedicarse en una relación!

Pablo llegó a prever días así. Describió los momentos que vivimos hoy.

> *También debes saber esto: que en los postreros días vendrán tiempos peligrosos. Porque habrá hombres amadores de sí mismos, avaros, vanagloriosos, soberbios, blasfemos, desobedientes a los padres, ingratos, impíos, sin afecto natural, implacables, calumniadores, intemperantes, crueles, aborrecedores de lo bueno, traidores, impetuosos, infatuados, amadores de los deleites más que de Dios, que tendrán apariencia de piedad, pero negarán la eficacia de ella; a éstos evita. Porque de éstos son los que se meten en las casas y llevan cautivas a las mujercillas cargadas de pecados, arrastradas por diversas concupiscencias* (2 Tim 3:1-6).

En esta lección, descubriremos por lo menos 4 antídotos contra el veneno de la tentación sexual que nos ayudarán a conseguir ser *maridos de una sola esposa*.

1. RECONOCER QUE LA BATALLA POR LA PUREZA SEXUAL EMPIEZA EN EL CORAZÓN

Jesús dejó claro que la batalla por la pureza sexual tiene como epicentro el corazón. La inmoralidad empieza en el interior:

> [...] *cualquiera que mira a una mujer para codiciarla, ya adulteró con ella en su corazón* (Mt 5:28).

El énfasis del texto no es el simple hecho de "mirar" una persona atrayente; en este caso, sería necesario salir del mundo, nunca encarar *outdoors*, propagandas y revistas. La palabra "mirar" en el texto está en el tiempo presente y sugiere la idea de "fijar los ojos, continuar mirando". La expresión para *codiciarla* deja la idea más clara aún. Esa mirada tiene el propósito de deleitarse, contemplar y crear fantasías.

> "No es la mirada codiciosa la que causa el pecado en el corazón, sino el pecado en el corazón es el que causa la mirada codiciosa."
>
> JOHN MACARTHUR JR.

El patriarca Job sabía de ese peligro y tomó medidas contra él:

> *Hice pacto con mis ojos; ¿Cómo, pues, había yo de mirar a una virgen? [...] Si fue mi corazón engañado acerca de mujer, Y si estuve acechando a la puerta de mi prójimo, [...] Porque es fuego que devoraría hasta el Abadón, Y consumiría toda mi hacienda.* (Job 31:1,9,12).

Reflexionando sobre eso, ¿será que usted ve la seriedad del pecado sexual y sus efectos en el corazón? ¿Está listo para entrar en una batalla que probablemente continuará hasta el fin de su vida? ¿Ese hecho lo desanima?

¡Sea fuerte! ¡Sea hombre! Entre en esa batalla, pero no confíe en su propia fuerza; dependa del único y capaz de darnos la victoria. Si la batalla es combatida en la esfera del corazón, entonces la defensa también tendrá que ser edificada en él.

2. REPUDIAR EL PECADO SEXUAL

El segundo paso bíblico para vencer el vicio de la pornografía y de los pensamientos impuros exige que repudiemos la suciedad de nuestro corazón. No es suficiente reconocer que la batalla empieza en el corazón. Tenemos que *odiar* ese pecado, quizás más que cualquier otro que enfrentemos como hombres.

En el mismo contexto en el que condena la mirada sensual, Jesús deja algo muy claro:

> *Por tanto, si tu ojo derecho te es ocasión de caer, sácalo, y échalo de ti; pues mejor te es que se pierda uno de tus miembros, y no que todo tu cuerpo sea echado al infierno. Y si tu mano derecha te es ocasión de caer, córtala, y échala de ti; pues mejor te es que se pierda uno de tus miembros, y no que todo tu cuerpo sea echado al infierno* (Mt 5:29,30).

Una de las marcas del nuevo nacimiento (v. Juan 3) y de nuestra participación en el nuevo pacto establecido por la sangre de Jesús es la sensibilidad ante el pecado – algo que antes considerábamos normal. Ezequiel profetizó una de las consecuencias de ese nuevo pacto al predecir: *y os avergonzaréis de vosotros mismos por vuestras iniquidades y por vuestras abominaciones* (Ez 36:31).

Todo pecado es horrible y trágico. Pero el pecado sexual es repugnante y catastrófico por lo menos por cuatro razones:

- Es una ofensa contra la santidad de Dios y de su propósito para la sexualidad humana: un hombre y una mujer que disfrutan de la unión sexual durante la vida, como reflejo de la gloria de un Dios trino y único (Gn 1:27; 2:24; Heb 13:4).
- Es una ofensa contra la imagen de Dios reflejada en el ser humano y contra hermanas en Cristo (1 Tim 5:2).
- Es una ofensa contra la familia y contra personas a las que queremos: *Mas el que comete adulterio es falto de entendimiento; Corrompe su alma el que tal hace. Heridas y vergüenza hallará, Y su afrenta nunca será borrada* (Pr 6:32,33).
- Es una ofensa contra el propio hombre, por causa del daño moral, emocional, espiritual y físico que le causa (Pr 6:32).

Piense por algunos momentos: ¿Usted se está volviendo cada vez más sensible al pecado sexual? ¿Recuerda el experimento con el sapo en la olla de agua tibia, que va calentando sin que se dé cuenta, poco a poco? En cualquier momento el sapo podría saltar para afuera de la olla, pero se va acomodando hasta que su sangre "fría" hierve y muere. ¿Usted se da cuenta cuando está en la olla de la tentación sexual, cada vez más acostumbrándose con ella? ¿Será que las cosas que lo avergonzaron en el pasado hoy no le causan más vergüenza? ¿Qué cambió? ¿Por qué?

3. RENUNCIAR A TODO LO QUE ALIMENTE LA NATURALEZA CARNAL

El tercer paso en dirección a la liberación del vicio sexual envuelve actitudes *radicales* (literalmente, "de raíz") para tratar del pecado. Volviendo al Sermón del Monte, cuando Jesús trató sobre el "adulterio interno", dice:

> Por tanto, si tu ojo derecho te es ocasión de caer, **sácalo, y échalo de ti** [...] Y si tu mano derecha te es ocasión de caer, **córtala, y échala de ti** (Mt 5:29,30, énfasis nuestro).

Obviamente que Jesús no espera que hagamos una amputación literal (¡a pesar de que uno de los padres de la iglesia, Orígenes, se haya castrado supuestamente para cumplir ese texto!). En ese caso, todos estaríamos ciegos y mancos.

Lo que parece, es que esa enseñanza dura de Jesús destaca la seriedad del pecado y especialmente del pecado sexual. Vea que él habla del ojo derecho y de la mano derecha. ¿Por qué esa especificación? Puede ser que representan lo que tenemos mejor. El ojo derecho (para el 85% de los seres humanos) es el ojo dominante, con el cual se mira, apunta el objetivo, se da cuenta de las dimensiones y permanece en el camino. La mano derecha representa nuestra destreza, habilidad, capacidad y talento. Arrancar el ojo derecho o la mano derecha significa hacer cualquier sacrificio necesario para huir del pecado. Hoy podemos decir que significa hacer lo que sea necesario para *¡parar de mirar y acceder a determinado contenido!*

La misma orientación para renunciar radicalmente a la tentación sexual tiene eco en Romanos 13:13,14:

Andemos como de día, honestamente; no en glotonerías y borracheras, no en lujurias y lascivias, no en contiendas y envidia, sino vestíos del Señor Jesucristo, ***y no proveáis para los deseos de la carne*** (Énfasis nuestro).

La idea es que debemos tomar pasos premeditados para evitar el pecado sexual, reconociendo que la probabilidad de la caída aumenta en la medida que nos aproximamos a la fuente de la tentación. Basta recordar que el hecho de ser tentado no quiere decir caer en pecado. Sino que la presencia continua de la tentación conduce al pecado cuando él empieza a ser concebido (Stg 1:13-17). ¡"Mejor es prevenir que lamentar" –, dice el dicho!

El apóstol Pablo reconocía que nadie queda inmune a esas tentaciones y por eso se disciplinaba a sí mismo: *sino que golpeo mi cuerpo, y lo pongo en servidumbre, no sea que habiendo sido heraldo para otros, yo mismo venga a ser eliminado* (1 Co 9:27). Tal vez por eso el consejo unánime de las Escrituras sobre la tentación sexual *es huir: Huid de la fornicación* (1 Co 6:18; Pr 5:8; 6:24,25).

> "¡La mejor manera de enfrentar la tentación es por la cobardía!"
> Mark Twain

El hecho es que algunos momentos de placer pueden dañar una vida de alegría. Como comenta John MacArthur Jr.: "El corazón adúltero planea cómo exponerse a estímulos sexuales. El corazón piadoso planea cómo evitar el pecado sexual".

¿Cómo planea evitar la tentación sexual? ¿O será que actúa de manera disfrazada y sutil intentando exponerse a aquello que es sexualmente excitante?

4. RENOVAR EL CORAZÓN

Podemos seguir todos los pasos de arriba – 1) reconocer que el problema del pecado sexual reside en el corazón; 2) repudiar el pecado; 3) renunciar a alimentar la naturaleza carnal y aun así no llegar al centro de la cuestión, que es la cuestión del corazón. La cura para el pecado sexual se concentra en el corazón.

El problema: A la luz de la enseñanza de Jesús en el Sermón del Monte, tenemos que tomar pasos radicales para remover lo que causa el pecado. Pero, si somos honestos, no es el ojo el que hace pecar, ni la mano. Estos no pasan de ser instrumentos del cuerpo que pueden ser usados para hacernos mal (cf. Ro 6:11-14). Lo que nos hace pecar es el corazón, o sea, la esencia de nuestro ser, el verdadero yo, el centro del control intelectual, emocional y volitivo de nuestra vida.

La solución: Entonces, ¿cómo tratar el problema en la raíz? Hay dos pasos concretos que podemos tomar.

a) Hacer un TRANSPLANTE de corazón

Jesús dijo que la mirada impura equivalía al adulterio *en el corazón*. Por eso, antes de tomar medidas radicales ("arrancar los ojos" o "cortar la mano"), es necesario trasplantar el corazón. El profeta Ezequiel profetizó sobre ese beneficio del nuevo pacto al decir:

> *Os daré corazón nuevo, y pondré espíritu nuevo dentro de vosotros; y quitaré de vuestra carne el corazón de piedra, y os daré un corazón de carne. Y pondré dentro de vosotros mi Espíritu, y haré que andéis en mis estatutos, y guardéis mis preceptos, y los pongáis por obra* (Ez 36:26,27).

El trasplante de corazón es necesario porque nuestra vieja naturaleza solamente produce basura:

> *Porque de dentro, del corazón de los hombres, salen los malos pensamientos, los adulterios, las fornicaciones, los homicidios, los hurtos, las avaricias, las maldades, el engaño, la lascivia, la envidia, la maledicencia, la soberbia, la insensatez. Todas estas maldades de dentro salen, y contaminan al hombre* (Mc 7:21-23).

Entonces ¿cómo podemos recibir un trasplante de corazón? La respuesta está en lo que Jesús llamó el "nuevo nacimiento":

Respondió Jesús y le dijo: De cierto, de cierto te digo, que el que no naciere de nuevo, no puede ver el reino de Dios (Jn 3:3). Nacer de nuevo significa empezar una nueva vida a partir del momento en el que la persona confiesa a Jesús como único y suficiente Salvador personal: *Mas a todos los que le recibieron, a los que creen en su nombre, les dio potestad de ser hechos hijos de Dios* (Jn 1:12).

El trasplante de corazón sucede cuando reconocemos nuestra despreciable condición de pecadores: merecedores del abismo del infierno, pero que, en los brazos de Jesús, encuentran salvación. Quien da ese salto de fe confía en que su única esperanza está en la muerte y en la resurrección de Jesús en su lugar (2 Co 5:17,21). A partir de ese momento, nacemos de nuevo. Recibimos un nuevo corazón, o sea, una nueva naturaleza. Es en ese instante, por primera vez en la vida, pasamos a estar capacitados por el Espíritu de Dios a obedecerlo y negar la carne.

b) TRASFORMAR (y RENOVAR)
EL CORAZÓN DIARIAMENTE

Como ya sabemos, quien recibe un trasplante de corazón no resolverá todos los problemas de salud de una vez por todas. Por el resto de la vida tendrá que tomar remedios diariamente con la finalidad de evitar que su cuerpo rechace el nuevo corazón.

De la misma manera sucede en nuestra vida espiritual: *Porque el deseo de la carne es contra el Espíritu, y el del Espíritu es contra la carne; y éstos se oponen entre sí, para que no hagáis lo que quisiereis* (Gal 5:17). Quien recibe un nuevo corazón con la capacidad de hacer lo correcto necesitará renovar ese corazón a diario. Eso es "andar en el Espíritu" (Gal 5:16,18).

¿Cómo probar esa transformación diaria que nos fortalece en la lucha contra el pecado sexual? La clave está en la renovación de la mente por la Palabra de Dios:

> *Así que, hermanos, os ruego por las misericordias de Dios, que presentéis vuestros cuerpos en sacrificio vivo,*

santo, agradable a Dios, que es vuestro culto racional. No os conforméis a este siglo, sino transformaos por medio de la renovación de vuestro entendimiento, para que comprobéis cuál sea la buena voluntad de Dios, agradable y perfecta (Ro 12:1,2; cf. Sal 119:9,11).

Parte del proceso de renovación diaria significa enseñar el evangelio a nosotros mismos, recitando sus hechos: lo que yo era *sin* Cristo, lo que Dios me hizo *en* Cristo y ahora lo que hago *con* Cristo (cf. Ef 2:1-10; 11-22). El evangelio nos da el poder que necesitamos para resistir a la tentación. Pero es necesario que nos esforcemos con la finalidad de, conscientemente, disponer las partes de nuestro cuerpo para uso exclusivo de Dios, no del pecado:

> *Así también vosotros consideraos muertos al pecado, pero vivos para Dios en Cristo Jesús, Señor nuestro. No reine, pues, el pecado en vuestro cuerpo mortal, de modo que lo obedezcáis en sus concupiscencias; ni tampoco presentéis vuestros miembros al pecado como instrumentos de iniquidad, sino presentaos vosotros mismos a Dios como vivos de entre los muertos, y vuestros miembros a Dios como instrumentos de justicia. Porque el pecado no se enseñoreará de vosotros; pues no estáis bajo la ley, sino bajo la gracia* (Ro 6:11-14).

A la luz de lo que vimos sobre el peligro de la pornografía y de los vicios sexuales, queremos dar sugerencias prácticas para vencer esta batalla y ser cada cual *maridos de una sola mujer*:

1. Decida anticipadamente cómo reaccionaría ante la tentación cuando resurja (1 Tes 4:3).
2. Examine las situaciones de más vulnerabilidad a la tentación sexual y haga de todo para evitarlas (Ro 13:14).
3. PARA EL SOLTERO: Cásese y satisfágase con el amor y la intimidad exclusiva de una relación con su mujer (Pr 5:15-19; 1 Co 7:1-7).
4. Medite en las consecuencias a corto, medio y largo plazo del pecado sexual (Pr 5 – 7; Heb 11:25,26).

5. Rinda cuentas a alguien de su confianza (v. Introducción) sobre áreas de tentación y oren juntos.
6. No guarde secretos, ni intente vencer esta batalla solo (Stg 5:16).
7. Coloque el computador o la TV en lugar visible para todos los que entren en la sala o en el cuarto; use filtros de seguridad en internet y programas de rendir cuentas para evitar contenido sospechoso.
8. Establezca ética personal sobre la manera de interactuar con personas del sexo opuesto (por ejemplo, evitar aventones, encuentros a solas, toques inadecuados).
9. Vigile lo que usted y su familia ven en la televisión; siga el consejo de David en el Salmo 101 sobre los cuidados necesarios con lo que entra en su casa por medio del entretenimiento.
10. Tome precauciones al viajar: si es posible, opte por un cuarto sin TV; haga llamadas constantes a su esposa; intente tener compañeros de viaje, etc.

Terminamos este estudio con buenas noticias: el hecho de que usted aún tenga que luchar contra el pecado sexual, tener aversión a él y querer huir de eso es señal (pero no garantía) de que usted tiene un nuevo corazón. El hombre dominado por el pecado en general no siente esas cosas. No obstante, la batalla continúa siendo grande; aún más en los días en los que vivimos, cuando el cuerpo humano y el sexo son usados para promover desde cremas dentales hasta carros de lujo.

Nunca podemos bajar la guardia. Los ataques de nuestro enemigo continuarán hasta el fin de nuestra vida. Por lo tanto, necesitaremos tomar una posición, depender de Dios y tener la mente enfocada en su Palabra y en la comunión constante con Él para renovar nuestros pensamientos día a día, momento a momento. No es nada fácil. Pero Dios es glorificado en ese proceso, por el hecho de huir *del* pecado y correr *hacia* Él. Que Dios nos de esa gracia, de hacer morir la naturaleza terrenal y dejar vivir la nueva identidad en Cristo Jesús

Haced morir, pues, lo terrenal en vosotros: fornicación, impureza, pasiones desordenadas, malos deseos y avaricia, que es idolatría; cosas por las cuales la ira de Dios viene sobre los hijos de desobediencia (Col 3:5,6).

¿No sabéis que los injustos no heredarán el reino de Dios? No erréis; ni los fornicarios, ni los idólatras, ni los adúlteros, ni los afeminados, ni los que se echan con varones, ni los ladrones, ni los avaros, ni los borrachos, ni los maldicientes, ni los estafadores, heredarán el reino de Dios. Y esto erais algunos; mas ya habéis sido lavados, ya habéis sido santificados, ya habéis sido justificados en el nombre del Señor Jesús, y por el Espíritu de nuestro Dios (1 Co 6:9-11).

PREGUNTAS PARA GRUPOS PEQUEÑOS

HASTA QUÉ PUNTO SOY UN MARIDO DE UNA SOLA MUJER: PREGUNTAS PARA AUTOEVALUACIÓN*

Las preguntas de autoevaluación a continuación indican algunas áreas de su corazón que tienen que ser vigiladas. Si usted ha fallado en una o más áreas, eso no necesariamente lo descalifica como "hombre de Dios"; tal constatación servirá de señal de advertencia y de peligros a la vista.

En grupo, lean cada pregunta, comenten sobre ella y levanten posibles soluciones.

1. ¿Tengo por costumbre "fisgonear" entre los canales de televisión buscando programas que exhiban desnudos y sensualidad? (Job 31:1).

2. ¿Mis ojos tienden a mirar de manera impropia el cuerpo de las mujeres? (Mt 5:28).

3. ¿A propósito paso por delante de avisos o ventas de periódicos para "dar una mirada"? (Pr 4:14,15).

4. ¿Tengo por costumbre pasear en el centro comercial por las secciones que venden ropa íntima? (Pr 4:25-27).

*Traducido y adaptado del artículo *Rediscovering sexual purity*. In *Spirit* of revival, nov. 2002, p. 34-38.

5. ¿Miro atentamente fotos sensuales y provocativas en las revistas que leo? (Pr 6:23-25).
6. ¿Estoy escondiendo una práctica sexual? (1 Co 6:18,19).
7. ¿Justifico mínimamente la exposición al desnudo porque soy adulto, aun sabiendo que eso estimula pensamientos y deseos ilícitos en mí? (Cant 2:15).
8. ¿Leo resúmenes de películas, novelas, libros o piezas explícitamente sexuales para satisfacer deseos no saludables? (1 Jn 2:16).
9. ¿Hay actividades sexuales en las que yo participaría si supiera que nadie lo va a descubrir? (Pr 15:3).
10. ¿Busco oportunidades de involucrarme con mujeres (conversaciones, consejería etc.), en vez de sugerir que ellas hablen con otra mujer? (Stg 1:14).
11. ¿Me estoy aproximando demasiado a una mujer que no sea mi esposa y así, volviéndome más vulnerable al pecado sexual? (Gen 39:7-12).
12. ¿Me preocupo más por el cuerpo de mi esposa que con otros aspectos de su vida? (1 P 3:3,4,7).
13. ¿Presiono a mi esposa para que participe en prácticas sexuales que ya sé que no le agradan? (1 P 3:7; Heb 13:4).
14. ¿Pienso fantasías con otras mujeres durante la intimidad con mi esposa? (Mt 5:28; Pr 5:18-20).
15. ¿Tengo acceso a canales de TV por cable o satélite que me dan la oportunidad de realizar deseos inmorales? (Ro 13:14).
16. ¿Cuándo viajo, acabo viendo lo que no sirve en el cuarto del hotel o en el computador? (Ro 13:14).
17. ¿El grado de tristeza o culpa relacionado a los fracasos en el área sexual es más pequeño hoy que lo que era en el pasado? (Ef 4:30).

4

EL CORDÓN DE TRES DOBLECES:
Vida estable y equilibrada

La invención del giroscopio revolucionó la navegación marítima y aeronáutica. El giroscopio tiene como función principal mantener siempre la orientación paralela al horizonte. O sea, el giroscopio continúa estable cuando todo alrededor está en desorden. Hoy en día, en la aeronáutica son armados dos giroscopios perpendiculares, haciendo posible la detección del más mínimo cambio de orientación del vehículo.

El hombre de Dios, dirigido por el "giroscopio" de la Palabra y del Espíritu de Dios, tiene una vida estable y equilibrada. No obstante, a muchos hombres les hace falta esa orientación básica para la vida. Sufren constantes altos y bajos, son inconstantes, se adhieren a cada nuevo modismo que surge o, como dirían algunos son "de luna".

Pablo describe a los hombres con ese perfil y, antes, declara que el objetivo para el hombre de Dios es ser *varón perfecto, a la medida de la estatura de la plenitud de Cristo*:

> [...] *hasta que todos lleguemos a la unidad de la fe y del conocimiento del Hijo de Dios, a un varón perfecto, a la medida de la estatura de la plenitud de Cristo; para que ya no seamos niños fluctuantes, llevados por doquiera de todo viento de doctrina, por estratagema de hombres que para engañar emplean con astucia las artimañas del error* (Ef 4:13,14).

Vivimos en un mundo de extremos, en el que la vida de muchos está fuera de control; son personas llevadas de un lado al otro por vicios, pasiones desequilibradas y perversiones. Las pasiones desenfrenadas y el deseo por gratificación inmediata quitan la mirada de nuestras prioridades eternas, nos roban el equilibrio y destruyen el respeto mutuo. Se trata de verdaderos ídolos que levantamos en nuestro corazón, tomando el lugar de Dios y llevándonos al caos, al desorden interior y exterior, a la disolución y al desequilibrio.

En el contexto eclesiástico, los modismos, las ondas de doctrinas y prácticas exageradas y excéntricas han hecho de la iglesia un chiste para muchos dentro y fuera de ella. Cada día parecen surgir más practicas ajenas a las Escrituras, aliadas a fórmulas y paquetes ministeriales que, a pesar de prometer el éxito de la iglesia, muchas veces son el motor de división y confusión entre seguidores y fieles.

> ### Para discutir
> ¿Cuáles son las evidencias de una vida y de áreas desequilibradas e inestables, tanto en el mundo como en la iglesia?

Al describir las cualidades del carácter de un hombre de Dios, Pablo incluye tres atributos más esenciales que están entrelazados. Estos nos hacen recordar lo que el autor de Eclesiastés llama *cordón de tres dobleces* que no se rompe con facilidad (Ec 4:12). Los tres términos que Pablo usa están entrelazados de tal manera que los vamos a considerar como un conjunto, destacando la progresión lógica existente en ellos. Describen a un hombre, sensato, disciplinado y organizado. ¡La idea es de un hombre *equilibrado*! "Él debe ser un hombre sobrio, completamente racional [...] bien equilibrado [...] una persona discreta y prudente."[23]

¿Cuáles son las razones por las cuales Dios quiere que hombres líderes de la familia de Dios sean estables y equilibrados?

---

[23] Hiebert, D. Edmond. *First Timothy*. Chicago: Moody Press, 1957, p 65 (Everyman's Bible Commentary).

¿Qué peligros corren la familia y la sociedad en general, cuando los hombres son inestables y desequilibrados? ¿Usted ha visto el daño que un hombre inestable y desequilibrado le puede causar a su familia, iglesia, trabajo y comunidad?

> **Cualidad del carácter:** *Sobrio, prudente, decoroso* (respetable)
>
> **Texto:** 1 Timoteo 3:2,8

Los términos *sobrio, prudente y decoroso* han sido traducidos y definidos de muchas maneras, creando determinada confusión en el intento de diferenciar el significado de cada uno. Sin embargo, desde nuestro punto de vista, puede haber una sobre posición de campo semántico entre ellos. Como conjunto, presentan el perfil de un hombre bajo control, equilibrado, estable y respetable.

Término original	νηφάλιον (*nefalion*)	σώφρονα (*sofrona*)	κόσμιον (*kosmion*)
Definición	Sobrio, prudente (en la utilización de bebidas alcohólicas), mente alerta, auto controlado.[24] Como verbo: ser sobrio.	Prudente, pensativo, auto controlado. Sobre las mujeres: decente, modesta.[25] Como verbo: tener pleno control de facultades mentales, raciocinar con lucidez, ser sobrio, serio.	Decoroso (respetable), honroso. Sobre las mujeres: modesta. Como adverbio: *modestamente* (1 Tim 2:9). Como verbo: adornar, decorar, colocar en orden.[26]
Uso en el NT	1Tim 3:2,11; Tit 2:2	Tit 1:8; 2:2,5; 1P 4:7	1Tim 2:9

[24] Fuente: *(A Greek-English Lexicon of the New Testament and Other Early Christian Literature*, 3a ed. Chicago: The University of Chicago Press, 2001, p. 538).

[25] Idem, p. 802.

[26] Idem, p. 445.

Termo original (cont.)	νηφάλιον (*nefalion*)	σώφρονα (*sofrona*)	κόσμιον (*kosmion*)
Nueva Versión Internacional (NVI)	Moderado	Sensato	Decorosamente
Reina Valera 60	Prudente	Sobrio	Decoroso
Reina Valera Antigua	Solicito	Templado	Compuesto
Biblia de las Américas	Prudente	Dueño de sí mismo	Modestia
Nueva Traiucción Viviente (NTV)	Control propio	Vivir sabiamente	No llamar la atención
Biblia de Jerusalém (BJ)	Sobrio	Justo	Decorosamente ... con pudor
RESUMEN	ESTABLE, CONSTANTE	EQUILIBRADO	ORGANIZADO, RESPETABLE
Antónimo (Opuesto)	INESTABLE, VACILANTE, INCONSTANTE	DESEQUILIBRADO, INCONSECUENTE	DESORGANIZADO, CONFUSO, DESRESPETADO

OBSERVACIONES INICIALES

1. Kent une esas tres cualidades del carácter a la frase *apto para enseñar* como las calificaciones mentales del hombre de Dios.[27] Hiebert las considera como calificaciones "personales". Entendemos que los términos describen a un hombre serio (*sobrio*, 2 Tim 4:1-5), que otros buscan para consejo espiritual, pues reconocen en él una persona sensata.[28] *Serio* no quiere decir de mal humor; al contrario, se trata de un hombre que sabe hacer uso del humor y de la seriedad cuando es necesario.

2. Es alguien disciplinado y organizado, con mente y cuerpo bajo control; por eso, es respetado dentro y fuera de la iglesia.[29] Cuando habla, las personas prestan atención. Cuando emite una opinión, las personas consideran lo que él dice. En todos los sentidos, ese hombre adorna la iglesia y la reputación de Jesucristo en la comunidad (Tit 2:10). No es inestable, llevado por todo viento de doctrina y modismo (Ef 4:11-14).

3. Los términos tienen una unión lógica entre sí, presentando una progresión de la *moderación* (Templado, que incluye la idea de ser equilibrado) para el auto control (alguien disciplinado y con raciocinio claro), resultando en una vida *digna*, ordenada y organizada, y, por eso, respetable.

---

[27] Kent Jr., Homer A. *The Pastoral Epistles*, p. 125.

[28] Hiebert, D. Edmond, *First Timothy*, p. 65.

[29] Un cuarto término, σεμνός (semnos), es la primera palabra utilizada para describir las calificaciones de los diáconos. Parece que es un sinónimo de κόσμιον (kosmion), traducido como *honesto* (RV60), *honorables* (NVI), *dignos* (NTV), y *respetable* (TLA). Solamente aparece otras tres veces en el NT: Filipenses 4:8, 1 Timoteo 3:11, Tito 2:2. Resalta la idea de que el hombre de Dios tiene carácter digno y respetable que atrae personas a la iglesia, familia de Dios.

Personas desequilibradas por falta de moderación pierden la capacidad de pensar claramente y responder con sensibilidad al Espíritu Santo; por eso pierden el respeto de las personas más cercanas. Podríamos resumir ese conjunto de cualidades del carácter con los siguientes términos:

- Sobrio
- Sensato
- Apropiado
- Equilibrado
- Organizado
- Respetable
- Estable
- Estimado

La vida en este mundo tiende al desorden y al caos. Pero el hombre de Dios, dirigido por la Palabra y por el Espíritu Santo, vence la batalla contra el desequilibrio. Por la gracia de Dios, que hace todo con orden, paz y decencia (1 Co

14:33,40), podemos alcanzar el equilibrio y la estabilidad, justamente porque Cristo vive en nosotros.

Vemos las cualidades de la sobriedad, de la estabilidad y de la vida ordenada evidenciadas en el carácter de Jesús. Él dirigía su vida y su ministerio de manera organizada, sin afán, con dignidad, autocontrol y calma. ¡Jesús no era frenético ni estresado! Su compromiso para con las prioridades eternas hizo que él evitara distracciones frívolas, mundanas y vacías. Aun cercado por las multitudes, Jesús no dejaba de ver – con profundidad – a los individuos. Aun cuando alcanzó el auge de su popularidad terrestre, Él mantuvo el equilibrio y enfoque, aislándose de las multitudes para disfrutar de la comunión íntima con el Padre. Su comportamiento siempre fue adecuado, moderado y respetable.

Jesús quiere vivir en nosotros y por medio de nosotros (Gal 2:20). De la misma manera que la vida de la vid fluye y hace fructificar las ramas (Jn 15:1-5), reconocemos que solamente Jesús, por el poder del Espíritu, puede producir ese fruto en nuestra vida. *El fruto del Espíritu es* [...] *mansedumbre* (Gal 5:22,23). El Espíritu de Dios tiene como objetivo producir la vida de Jesús en nosotros. Él usa su Palabra para darnos dirección por el laberinto de la vida.

Conclusión

¿Cómo está el giroscopio de su vida? ¿Usted ha permitido que la Palabra de Dios sea su estabilizador? ¿Ha sido sensible al toque del Espíritu por la Palabra, revelando áreas de su vida que estén fuera de control o inestables? ¡Que seamos hombres cada vez más equilibrados y sensatos para la gloria de Dios!

Las preguntas a continuación pueden ayudarnos a determinar hasta qué punto somos hombres estables o equilibrados:

1. ¿Existe alguna área de su vida que esté fuera de control: un ídolo que lo domina y que es demasiado importante para usted? ¿Un vicio, aunque "inocente", que consume gran parte de su tiempo y de su atención? Ejemplos

- Comida
- Computador
- Dispositivos móviles
- Entretenimientos
- Deportes
- Estudio
- Ejercicio físico/belleza y apariencia
- Video juegos o juegos de azar
- Lectura
- Ministerio
- Radio, televisión o cine
- Sexo
- Sueño

2. ¿Su vida es caracterizada por la desorganización, desequilibrio o caos? ¿Sus pensamientos son disciplinados y decentes? ¿Pasa por muchos "altos y bajos" en alguna(s) área(s)?
3. ¿Usted empieza muchos proyectos y no los termina?
4. ¿Usted es fácilmente llevado por modismos? ¿Es atraído por el enriquecimiento fácil?
5. ¿Usted es estable y firme en sus convicciones y hábitos personales? ¿O duda emocional y espiritualmente?
6. ¿Las personas lo describirían como frenético, estresado, o calmado y accesible?
7. ¿Las personas lo buscan para ser aconsejadas? ¿O en general no lo toman en serio?
8. ¿Usted siente que con frecuencia pierde tiempo con actividades frívolas?
9. ¿Su vida es controlada por el Espíritu Santo? ¿Demuestra equilibrio y disciplina santa?

PREGUNTAS PARA GRUPOS PEQUEÑOS

1. ¿Cuáles son las áreas de su vida que pueden volverse obsesión, provocando desequilibrio, desorganización y ofuscando el sentido común y las prioridades?
2. ¿Existe alguna área prioritaria en su vida (familia, tiempo con Dios, servicio, actividad física, etc.) que usted ha dejado de lado a favor de un hobby o actividad menos importante?
3. Si respondió afirmativamente a la pregunta anterior, intente identificar dónde está el problema:
   - Entretenimiento (TV, películas etc.)
   - Apariencia física
   - Comida
   - Deportes
   - Lectura
   - Computador

Oren los unos por los otros para que tenga valor de confrontar posibles ídolos arraigados en el corazón que ya se han vuelto vicios, destruyendo parte de su autocontrol y respeto.

5

HOSPEDADOR

En los últimos años hemos visto un aumento asustador de escándalos en el mundo de los deportes, principalmente por la práctica del *doping* – uso de sustancias químicas que son tomadas por el atleta para elevar su resistencia y desempeño, dándole ventaja en una competencia. Pero pruebas *antidoping* son cada vez más sofisticadas exponiendo a aquellos que intentan burlar el sistema. Los infractores son revelados por lo que realmente son – o no son.

Desafortunadamente, no existe ninguna prueba química para revelar el verdadero carácter de un hombre. Pero en la lista de cualidades del hombre de Dios, encontramos un atributo que tiene la misma finalidad: *hospedador*.

Alguien podría pensar: "¿Pero hospitalidad parece que es una característica femenina? ¿Qué tiene que ver conmigo?"

Dios consideró la hospitalidad importante, lo suficiente para hacer parte no solamente una vez, sino dos veces en la lista de calificaciones del hombre de Dios, líder espiritual de la iglesia (1 Tim 3:2: Tit 1:8). ¿Por qué?

Podemos encontrar varios motivos para ese hecho:
1. En las culturas bíblicas, la hospitalidad era una de las principales marcas del carácter de un hombre benevolente (Gn 18 y 19). Revela una persona amiga, desprendida, organizada y generosa – atributos considerados de mucho valor.

2. Como responsable por la familia en la cultura del Oriente Medio, el hombre, no la mujer, tenía la última palabra sobre la utilización de la casa para recibir otras personas.

3. Ser hospedador significa estar abierto para que las demás características que describen al hombre de Dios sean conocidas. ¡Esta prueba de carácter revela si el hombre es lo que aparenta ser, en un contexto transparente, en el cual no hay espacio para disimulaciones!

Infelizmente, la práctica de la hospitalidad está quedando cada vez más rara. Pocas personas están dispuestas a invitar a otros para compartir una comida o pasar un tiempo en sus casas.

En su opinión, ¿por qué ha disminuido la disposición de las personas para practicar la hospitalidad?

Observaciones iniciales

1. A primera vista, "hospedador" parece que está fuera de lugar en esta lista. Sin embargo, vea que se trata de una cualidad del carácter más relacionada al hogar del líder (cf. Ef 5:18 – 6:9).

2. Esta cualidad es tan importante que consta en ambas listas principales, pues trata con las calificaciones del liderazgo espiritual (1 Tim 3:2; Tit 1:8).

3. La hospitalidad muchas veces caracteriza una persona cuya vida es un "libro abierto", que no tiene nada que esconder.

4. La hospitalidad exige desprendimiento de bienes materiales, compasión, transparencia, autocontrol y altruismo – ¡un excelente resumen de las cualidades del carácter de un hombre de Dios!

Contexto cultural

Factores culturales en la iglesia primitiva ayudan a explicar la importancia de la hospitalidad en el hombre de

Dios y por qué fue un ministerio estratégico en el comienzo de la iglesia. Mencionamos algunas razones a continuación:

1. La *persecución* de los cristianos era muy frecuente, lo que resultaba en desempleo, exilio forzado, peregrinación y necesidad de vivienda. Un número expresivo de creyentes fue disperso (cf. Stg 1:1; 1 P 1:1: Hch 8:1) y ellos necesitaban de abrigo y refugio seguros mientras transitaban.
2. Las *carreteras y los viajes* eran peligrosos porque no habían redes hoteleras y hospedajes seguros (v. Lc 10:25-37).
3. *El ministerio* itinerante dependía de una red de iglesias en casa que dispusiera de hospedadores dispuestos a alimentar, hospedar y motivar los evangelistas en sus ministerios.
4. Las *iglesias locales* funcionaban en las casas de los miembros, muchas veces en la casa del líder (v. Col 4:15; Ro 16:3-5; 1 Co 16:19). ¡Si él no era hospedador, la iglesia no podía crecer!

En todos esos casos, se esperaba que el liderazgo local estuviera al *frente en el cuidado de los cristianos viajeros.*

Cualidad del carácter: "hospedador"

Textos: 1 Timoteo 3:2; Tito 1:8

Término y significado: "hospedador"

Término griego φιλόξενον, (filoxenon), compuesto de dos términos griegos que significan "amigo"/"amor" (φιλος – filos) y "extranjero" (ξενος – xenos).

A pesar que la hospitalidad hoy sea más practicada entre las personas ya conocidas, el término y su utilización original con seguridad incluían el cuidado y el hospedaje de personas desconocidas, usando el hogar como centro de ministerio y refrigerio para ministros itinerantes del evangelio y personas necesitadas.

¿Por qué practicar la hospitalidad hoy?

Aunque hoy la hospitalidad este inserida en un contexto diferente con respecto al de la iglesia primitiva, continúa siendo un ministerio importante. Sirve de excelente herramienta para evaluar el carácter de un hombre y la capacidad para el ministerio, por lo menos por algunas razones:[30]

1. Dios exige la práctica de la hospitalidad (Ro 12:13; 1 P 4:9).

2. La práctica de la hospitalidad nos enseña a ceder nuestra casa: por eso expone el corazón del hombre y su familia ("Soy quien soy en la casa"; Ef 6:18 – 6:9).

3. La práctica de la hospitalidad desarrolla el desprendimiento sobre lo que poseemos; por lo tanto, acaba revelando nuestro "tesoro", lo que más valoramos (Mt 6:19-21; vea que el hombre de Dios no debe ser codicioso: 1 Tim 3:3; cf. Hch 4:34,35).

4. Ya que la práctica de la hospitalidad involucra toda la familia, se vuelve una excelente herramienta para entrenar a los hijos en lo que dice sobre ceder y compartir, por ejemplo, su cuarto con un huésped; de esa manera, su vida puede ser eternamente enriquecida en el contacto con personas necesitadas o con ministros del evangelio.

5. La práctica de la hospitalidad ofrece la oportunidad de ejercer bondad genuina, sin expectativas de recibir recompensa; además, puede brindarnos oportunidades sin igual, de la misma manera que

---

[30] Hoy, ser hospedador automáticamente envuelve toda la familia: por ese motivo, el líder espiritual necesita una esposa y una familia con la misma disposición. Vea que hay fases en la vida en las que quizás la familia tenga menos posibilidades de practicar la hospitalidad, por ejemplo, con niños pequeños, enfermedad, dificultades financieras o papás ancianos en casa. Es necesario tener sabiduría y sensibilidad para mantener el equilibrio en la familia y ministerio.

algunos acogieron ángeles (Heb 13:2; Lc 14:12-14; Stg 1:27).[31]

6. La hospitalidad sirve de práctica para el contentamiento (1 P 4:9).
7. La práctica de la hospitalidad desarrolla el altruismo (3 Jn 5 – 10).
8. Una familia que practica la hospitalidad dejará su legado en la vida de sus miembros; en la época de Pablo, haber sido una mujer hospedadora era un pre-requisito para que las viudas pasaran a recibir apoyo de la iglesia (1 Tim 5:10).

Conclusión

De la misma manera como las pruebas *antidoping* no son infalibles, es muy probable que alguien finja ser hospedador aun no siéndolo; también le pueden faltar otras cualidades del carácter del hombre de Dios. Normalmente ese atributo refleja un carácter verdaderamente cristiano, o sea, la vida de Cristo, que es una vida centrada en los demás. Que la vida de Cristo sea cada vez más manifiesta en nosotros por medio de una actitud verdaderamente hospedadora.

---

[31] La idea que algunos (Abraham y Sara) entretuvieron ángeles no es tanto que nuestra hospitalidad quizás sea practicada para con mensajeros celestiales, sino la idea del beneficio inesperado que vuelve al anfitrión por la práctica del amor hospedador. Como dice Eclesiastés: *Echa tu pan sobre las aguas; porque después de muchos días lo hallarás* (Ec 11:1).

PREGUNTAS PARA GRUPOS PEQUEÑOS

1. La hospitalidad engloba muchas actividades en las que alguien abre su hogar y/o pone disponibles sus bienes para ministrar a otros. La esencia de ser hospedador es demostrar bondad a los extranjeros. ¿Cuáles son algunos ejemplos de las diversas maneras por las cuales la hospitalidad puede ser practicada hoy?

2. ¿Qué es necesario cambiar en su corazón o en su familia para ustedes estén más dispuestos a ejercer esa cualidad? ¿Ustedes son transparentes al practicar la hospitalidad?

3. ¿Cuál es el "estilo" de hospitalidad más natural para usted y su familia? (Ej.: ofrecer comidas; hospedar para dormir; llevar alguien para comer fuera: abrir la casa para encuentros y reuniones de grupos.)

Oren los unos por los otros para que la vida de Jesús centrada en el otro sea cada vez más manifestada en la vida de cada uno.

6

APTO PARA
ENSEÑAR

"¡Dios no me llamó para ser profesor!" Si usted piensa de esa manera, puede ser que tenga la razón: no todos los hombres son, o tienen que ser, "profesores natos". Dios no exige que todos los hombres ejerzan el ministerio de enseñanza en la iglesia local. El don de enseñanza (Ro 12:7; 1 C 14:26) es concedido sobrenaturalmente por Dios a algunos individuos que son dotados de una capacidad sobrenatural para transmitir la verdad y ver vidas transformadas a la imagen de Cristo.

Aunque no todos reciban el don de enseñanza, **todos los casados o papás tienen la responsabilidad bíblica de enseñar**. Lo mínimo que podemos decir es que Dios llama hombres para pastorear su propia familia, tarea que incluye en gran parte la enseñanza. Dios también responsabiliza a los hombres por la conservación de la sana doctrina confiada a la iglesia de Cristo.

Los puritanos entendían bien el papel del hombre como mentor espiritual de toda la familia. Leland Ryken, en *Santos no mundo* [Worldy Saints] declara:

> Las familias no se vuelven automáticamente entidades espirituales. Alguien tiene que orquestar las actividades. En el pensamiento puritano, el papá

era esa persona. La Bíblia de Ginebra afirma que "los jefes de familia deben ser predicadores para sus propias familias, para que desde el mayor hasta el menor de ellos obedezcan a la voluntad de Dios". Otra autoridad puritana teorizó que "Dios hace responsable al jefe de la familia por toda la familia".[32]

OBSERVACIONES INICIALES

1. Las listas de cualidades del carácter del hombre de Dios se dividen en categorías:
   - Cualidades familiares (marido de una sola mujer, hospedador, tener hijos fieles, gobernar bien la casa, etc.).
   - Cualidades éticas (amigo del bien, justo, piadoso, etc.).
   - Cualidades doctrinales (ser apegado a la Palabra fiel).
   - Cualidades ministeriales (apto para enseñar; tener poder para exhortar con rectitud).

2. "Apto para enseñar" parece que es una de las pocas calificaciones del líder que pueden estar relacionadas a un don espiritual (el don de enseñanza: Ro 12:7; 1 Co 12:28,29; 14:26; Ef 4:11). "Capaz de enseñar/doctrina" debe ser una característica de los hombres designados para el liderazgo espiritual en la iglesia local, específicamente el presbiterio y el pastoreo.

3. Tengamos cuidado para no interpretar "apto para enseñar" como si eso implicase un ministerio de púlpito o de enseñanza a grupos grandes. Se puede referir muy bien al ministerio de enseñanza individual, discipulado, consejería o grupos pequeños. Dios llamó a los hombres para que sean líderes espirituales de la familia y de la iglesia.

4. La tarea de preservar la sana doctrina, dada a los

---

[32] Ryken, Leland. *Santos no mundo: os puritanos como realmente eram.* São José dos Campos: Fiel, (s.d.), p. 98,99.

hombres es tan importante que fue incluida en todas las listas principales de calificaciones para el liderazgo espiritual en la iglesia, aunque con un enfoque un poco diferente en cada texto. Tito 1:9 dice que el líder debe ser *retenedor de la palabra fiel tal como ha sido enseñada, para que también pueda exhortar con sana enseñanza y convencer a los que contradicen.* Hablando sobre las calificaciones de los diáconos, Pablo dice que guarden el misterio de la fe con limpia conciencia (1 Tim 3:9).

Cualidades del carácter *Apto para enseñar* (1 Tim 3:2)

que guarden el misterio de la fe con limpia conciencia (1 Tim 3:9).

retenedor de la palabra fiel tal como ha sido enseñada, para que también pueda exhortar con sana enseñanza y convencer a los que contradicen (Tit 1:9).

Tema y significado

El término griego διδακτικόν (didaktikon) está relacionado a la palabra "didáctico", o sea, *apto para enseñar*, "especialista en enseñanza", "hábil en transmitir con claridad enseñanzas divinas". El término solamente se encuentra en otro texto, 2 Timoteo 2:24,25 *Porque el siervo del Señor no debe ser contencioso, sino amable para con todos,* **apto para enseñar***, sufrido; que con mansedumbre corrija a los que se oponen, por si quizá Dios les conceda que se arrepientan para conocer la verdad...* Sobre los líderes espirituales (aquellos encargados de la supervisión espiritual de la iglesia), el término tal vez indique el don de enseñanza. Los textos de 1 Timoteo 3:9 y Tito 1:9 focalizan más la preservación de la doctrina contra los ataques de herejes (ya presentes en el primer siglo y numerosos hoy en día). El hombre de Dios tiene la responsabilidad de ser el guardia de la *Palabra Fiel* (Tit 1:9) justamente para poder enseñar, exhortar y refutar los opositores.

El hombre de Dios y la enseñanza en la casa

La responsabilidad: una vez más, el hogar es el primer lugar en el cual el hombre de Dios ejerce la función de profesor. De nuevo el ambiente de casa sirve de "filtro", o herramienta para ayudar a identificar el hombre fiel en la enseñanza del pequeño rebaño familiar, que en último caso podrá calificarse para enseñar al rebaño de la iglesia.

1. **El hombre como "profesor" de la esposa.** El texto de 1 Corintios 14 es polémico sobre el orden en el culto y sobre el silencio de la mujer en la iglesia (v. También 1 Tim 2:11-15). Los versículos 34 y 35 enseñan claramente que el marido tiene la responsabilidad y la obligación divina de tutor (discipular, enseñar) de su propia esposa.

La pareja debe tener intimidad para compartir juntos y crecer mutuamente, preocupándose por el bienestar espiritual y emocional de ambos. Por lo tanto, el marido, en primer lugar, debe conocer la Palabra y saber aplicarla a cada situación.

> **Piense**
>
> ¿Usted se considera el líder espiritual de su mujer?

2. **El papá como "profesor" de los hijos.** El texto de Deuteronomio 6:4-9 responsabiliza al papá por la instrucción espiritual de los hijos. A pesar que él pueda delegar algunos aspectos de la educación de los hijos a la esposa, en último análisis es él quien rendirá cuentas sobre la enseñanza espiritual dada en la casa. Esa enseñanza con seguridad incluye áreas intelectuales, vocacionales, materiales entre otras. En las palabras de Cotton Mather:

> [...] es el conocimiento de la religión cristiana que los padres deben transmitir a los hijos [...] El conocimiento

de otras cosas [...] nuestros hijos pueden encontrar alegría eterna sin alcanzar [...] Pero el conocimiento [...] de las palabras del Señor Jesucristo es un millón de veces más necesario para ellos. [33]

> ### Piense
>
> ¿Usted está desempeñando su papel como "sacerdote del hogar"? En otras palabras, ¿lidera sus hijos en el estudio de la Palabra de Dios? ¿Los anima a dedicarle tiempo diario a la Palabra? ¿Es ejemplo en la búsqueda por Dios? ¿Proporciona momentos de culto en la casa que sean relevantes?

El hombre de Dios y la enseñanza en la iglesia

La responsabilidad: La capacidad para enseñar no es un pre-requisito de los diáconos, que aparentemente estaban más involucrados para la ministración de las necesidades prácticas y diarias de los miembros de la iglesia que en la enseñanza.[34] A su vez, los presbíteros, tenían que estar activamente involucrados en la propagación del verdadero evangelio y la refutación de "otros" evangelios. Mal había sido removida la piedra de la tumba de Jesús, y los falsos maestros ya estaban sembrando herejías en el primer siglo (cf. 1 Tim 1:4).

Pablo define aún mejor lo que tiene en mente, al escribir en el texto paralelo que ese hombre debe ser *retenedor de la palabra fiel tal como ha sido enseñada, para que también pueda exhortar con sana enseñanza y convencer a los que contradicen* (Tit 1:9).

Hay tres aspectos en esa enseñanza:

1. **Deleitarse en la palabra** (retenedor de la palabra fiel; v. 1 P 2:2).

---

[33] RYKEN, Leland. *Santos no mundo*, p. 80.

[34] Aun así, note que los diáconos también *guardan el misterio de la fe con limpia conciencia* (1 Tim 3:9) – aparente referencia a la responsabilidad de guardar la fe una vez entregada a los santos.

2. **Adoctrinar** (*para que también pueda exhortar con sana enseñanza*). Capacidad de exhortar por la enseñanza del verdadero evangelio hace parte del carácter de ese hombre.
3. **Defender** (*y convencer a los que contradicen*). Se refiere a la capacidad de enfrentar y refutar "otros" evangelios, defendiendo el evangelio contra los opositores.

Lea 2 Timoteo 2:23-25. Ese texto es particularmente significativo, pues la idea de ser apto para enseñar está cercada de descripciones del carácter del hombre de Dios. *Porque el siervo del Señor no debe ser contencioso, sino amable para con todos, apto para enseñar, sufrido; que con mansedumbre corrija a los que se oponen, por si quizá Dios les conceda que se arrepientan para conocer la verdad...*

PRE-REQUISITOS PARA SER APTO PARA LA ENSEÑANZA

1. **Un corazón que puede ser enseñado/humilde.** Para poder enseñar, es necesario en primer lugar aprender. El hombre de Dios no puede ser un sabelotodo.
2. **Estudio.** Gustándole o no, la tarea de enseñar en la casa y en la iglesia requiere un compromiso serio de estudiar y obtener crecimiento personal.
3. **Tiempo y disciplina.** Para desempeñar el ministerio de enseñanza en la casa y en la iglesia es necesario dedicar tiempo. Exige paciencia, autodisciplina y un compromiso a largo plazo. Tenemos que clamar a Dios por fuerza y disciplina con la finalidad de ser maestros en la casa, promoviendo el crecimiento espiritual de la familia.
4. **Corazón enfocado.** El papá-pastor no se contenta con el comportamiento externo, sino con el corazón y el destino eterno de las personas bajo su cuidado. Su actitud sobrepasa cuestiones superficiales y se sirve de la Palabra de Dios para discernir pensamientos y motivaciones del corazón (Heb 4:12; cf. Pr 20:5).

Aplicaciones

1. ¿Encaro con seriedad la responsabilidad como líder espiritual de mi casa?
2. ¿Comparto con mi esposa, de manera espontánea e intencional, lo que estoy aprendiendo en las Escrituras?
3. ¿Existen costumbres en nuestra casa que están minando oportunidades de instrucción espiritual? ¿Perdemos el control de nuestros horarios al punto que no encontramos más tiempo para la lectura de las Escrituras? ¿La TV, internet, el teléfono o los estudios ocupan el primer lugar?
4. ¿Soy un aprendiz humilde o un sabelotodo? ¿Tengo hambre de crecer espiritualmente? ¿Aprovecho las oportunidades que Dios me da para leer y estudiar su Palabra?
5. ¿Soy una persona apegada a la Palabra?
6. ¿Soy paciente, manso y blando en la enseñanza? ¿Evito contiendas inútiles? ¿O busco discusiones que tengo que ganar a cualquier precio?
7. ¿Mantengo el equilibrio entre la firmeza doctrinal y mansedumbre como aprendiz?
8. ¿Soy un practicante de la Palabra, de manera que no sufra *mayor condenación* (Stg 3:1)?

PREGUNTAS PARA GRUPOS PEQUEÑOS

1. ¿Cuáles obstáculos presentan más dificultad para usted en la instrucción espiritual de su esposa y de sus hijos?
2. ¿Por qué nosotros, como padres, nos esforzamos tanto para garantizar que nuestros hijos reciban la mejor instrucción académica, atlética, musical, pero somos tan negligentes en su entrenamiento espiritual?
3. ¿Cuáles pasos prácticos usted puede tomar para desempeñar con más eficacia la responsabilidad de la instrucción espiritual de su casa?

Para reflexión y discusión: ¿Hasta qué punto el hombre puede delegar la dirección de las actividades espirituales de la casa (culto, oración conyugal, orientación) a la esposa?

Oren por el desarrollo, de los unos y de los otros, como líderes espirituales del hogar y de la iglesia.

7

NO DADO
AL VINO

La bebida es un problema mundial y parece que en América Latina es aún más preocupante ya que en "Latinoamérica y el Caribe, las personas consumen una media de 8,4 litros de alcohol puro por año, lo que supone **2,2 litros más que el promedio mundial**, según el primer informe sobre alcohol especializado en la región que ha elaborado la Organización Mundial de la Salud".[35] Y a pesar que el número de mujeres que beben ha ido en aumento, el número de hombres aumenta aún más vertiginosamente y consecuentemente los actos de violencia por causa del abuso de la bebida y "pasaron de ser apenas un 18% a casi el 30% entre 2005 y 2010. Y en las **mujeres** el incremento no es menos preocupante: el porcentaje pasó de un 4,6% al 13%".[36]

Pero la preocupación reciente de los investigadores con respecto a este problema tan antiguo enfoca no solamente los que abusan del alcohol, sino otro grupo llamado "bebedores de riesgo". Ese grupo consiste en millones de personas que:

---

[35] http://www.bbc.com/mundo/noticias/2015/07/150723_consumo_alcohol_latinoamerica_muertes_paises_jm visto el 30/11/15

[36] http://www.bbc.com/mundo/noticias/2015/07/150723_consumo_alcohol_latinoamerica_muertes_paises_jm visto el 30/11/15

[...] mantienen una relación tranquila con la bebida. De vez en cuando, comenten algunos deslices, pero nada que llame la atención o haga que suene la alarma que un hábito agradable se empieza a degenerar en vicio [...]. Pregúntele a un bebedor de riesgo cómo es su relación con el alcohol y con seguridad él le dirá que apenas lo hace socialmente. Pero el límite que separa ese tipo de persona del abismo es muy fino. La mitad de ellos está al borde del alcoholismo.[37]

"Estadísticas publicadas por el Banco Mundial revelan que la región de América Latina y el Caribe posee la tasa per cápita más alta de muertes por accidentes de tránsito en todo el mundo, al cobrarse la vida de 122.000 personas cada año."[38] Contra un millón doscientas mil muertes por este concepto en todo el mundo.

"¿Beber o no beber?" Esa no es la única cuestión relevante cuando se trata de calificación del líder espiritual y de las características del hombre de Dios. La cuestión de la bebida es uno de los asuntos más polémicos de las Escrituras y muchas veces envuelve fuertes emociones. De un lado, existen aquellos que ya presenciaron (o experimentaron) los efectos trágicos y devastadores que temen el legalismo ciego que puede torcer las Escrituras y en su nombre prohibir toda y cualquier utilización del alcohol.

Es necesario tener sabiduría para tratar la cuestión de la bebida, por medio de sensibilidad, equilibrio y sentido común bíblico, con la finalidad de no caer en el error del legalismo ni del libertinaje.

Observaciones iniciales

1. Una vez más, se trata de una calificación suficientemente importante para ser incluida *cuatro veces* en las listas bíblicas

---

[37] Lopes, Adriana Dias; Magalhães, Naira. *A boia da prevenção*. In: Veja.com, ed. 2.129, 9/09/2009. Visto el 13 de marzo de 2013.

[38] http://www.abc.com.py/edicion-impresa/policiales/ alcohol-principal- causa-de-accidentes-1133887.html visto el 30/11/15

de carácter irreprensible: en ambas listas principales – que son el enfoque de este estudio – de cualidades del liderazgo espiritual en la iglesia, en la lista de calificaciones para diáconos y, además de eso, ¡en la descripción del carácter de las mujeres ancianas e idóneas (Tit 2:3)!

2. Esa calificación sería de particular importancia en el contexto de Éfeso, para donde se dirigía Timoteo, debido a la influencia de ritos y cultos locales a Dionisio (dios del vino, de las fiestas, de la recreación y del placer).

3. *No dado al vino* representa un estilo de vida del hombre de Dios en que nada desvía su atención y enfoque en la Palabra y del reino de Dios. El alcohol es apenas una de las influencias (ídolos) que pueden ofuscar la visión y el juicio espirituales de una persona.

4. *No dado al vino*, como los otros puntos de este "filtro paulino" para el liderazgo de la iglesia local, se trata no sólo del comportamiento exterior del hombre, sino de su corazón. Es una cuestión sobre quién, qué, controla sus pensamientos y acciones; o sea, los "vicios" o "ídolos del corazón" (v. Ez 14:1-7) que se manifiestan en su comportamiento.

5. En consonancia con el primer mandamiento (*No tendrás otros dioses delante de mí*), el hombre de Dios no permite competidores en su vida. Él es un hombre controlado por el Espíritu Santo de Dios (Ef 5:18), no por fuerzas externas.

6. Vea el siguiente resumen de la enseñanza de las Escrituras sobre la bebida alcohólica:

> El vino era encarado generalmente como una bendición (Gen 27:28; Dt 7:13) que alegra el corazón (Sal 104:15; cf. Ec 10:19), alivia el dolor (1 Tim 5:23) y espanta la miseria por el olvido (Pr 31:6). Pero un corazón alegre puede llevar a una mente ofuscada (Os 4:11), irresponsabilidad (Pr 31:4), descuido ante los peligros (2 S 13:28), manipulación (Gn 19:32-35; Et 5:4-10; 7:2). Los sabios son aconsejados a evitar la bebida fuerte (Pr 23:29-31) y a distanciarse de aquellos que "aprecian" la bebida (Pr 23:20,21). Los reyes deben abstenerse del alcohol, para no pervertir la justicia (Pr

31:5); los obispos y diáconos deber ser sobrios (1 T 3:3,8), probablemente debido a la exigencia de ser sabio impuesta por su posición de liderazgo. Los sacerdotes fueron prohibidos de beber alcohol durante el trabajo sacerdotal (Lv 10:9), y el nazareo se comprometía con la abstinencia durante el período de sus votos (Nm 6:3,4,20; cf. Lc 1:15). El uso del vino debe ser gobernado por el principio del amor y de la prioridad del reino de Dios (Ro 14:20,21). [39]

Algunos factores importantes que deben ser considerados antes de tomarse una decisión de "beber o no beber" incluyen:

1. El testimonio del hombre de Dios en casa, en la comunidad y en la iglesia.

2. La presencia o no de hermanos más débiles en la comunidad cristiana (v. 1 Co 8 – 10; Ro 14:20,21) que podrían quedar escandalizados y tentados a violar su propia conciencia.

3. Definiciones de "vino y bebida fuerte". (Existe mucho debate sobre las diferencias entra las bebidas alcohólicas de hoy y las de la antigüedad. Por ejemplo, existe la gran probabilidad de que la proporción de alcohol de vino fuera menor en el mundo antiguo del que actualmente. Por lo tanto, muchas bebidas podrían ser consideradas "bebida fuerte", que es prohibida por las Escrituras).

4. Tendencias e histórico familiar: una familia con historia de alcoholismo y el riesgo de otros a ser seducidos por el alcohol al punto de volverse alcohólicos.

> **Cualidad del carácter:** No dado al vino
>
> **Textos:** 1 Timoteo 3:3,8 (Tit 1:7; 2:3)

Término y significado

Podemos analizar los textos que presentan la calificación no dado al vino a partir de tres aspectos principales:

---

[39] Adaptado del HARPER'S BIBLE DICTIONARY.

1. Ser COMPAÑERO del vino

Los dos textos principales (1 Tim 3:3 y Tit 1:7) usan un término original que significa literalmente, *no al lado del vino* o, en otras palabras, alguien que no es *compañero*, aliado o amigo del alcohol.[40] Proverbios 23:20,21 hace eco a la misma idea: *No estés con los bebedores de vino [...] porque el bebedor y el comilón empobrecerán.*

2. Tener un COMPROMISO con el vino

Tratándose de los diáconos, la frase cambia un poco: *no dados a mucho vino* (1 Tim 3:8).[41] Esa exigencia se refiere a la cantidad y al equilibrio; en otras palabras, saber parar en el momento correcto y no tener un corazón volteado hacia la bebida. El término traducido por dado trae la idea de darle atención exagerada, ocuparse, apegarse a.[42] Proverbios 23:31,32 dice: *No mires al vino cuando rojea, Cuando resplandece su color en la copa. Se entra suavemente; Mas al fin como serpiente morderá, Y como áspid dará dolor.* El énfasis parece que está en una lealtad dividida. El hombre de Dios no puede asumir el compromiso con el vino y al mismo tiempo mantener sus responsabilidades como líder de la iglesia, de la familia o de la comunidad.

3. Caer bajo el CONTROL del vino

Un texto relacionado al tema y que trata de las "ancianas", o sea, más viejas y dignas (Tit 2:3), exige que no sean esclavizadas a (dominadas por) mucho vino.[43] La prohibición trata de el cristiano ser controlado por factores externos que compiten con el Espíritu Santo en la dirección de sus pensamientos y acciones (Ef 5:18).

---

[40] μὴ πάροινον – *me paroinon* = No dado al vino.

[41] μή οἴνῳ πολλῷ προσέχοντας – *mē oinō pollō prosechontas*.

[42] *A Greek-English Lexicon of the New Testament and Other Early Christian Literature*, 3a ed. Chicago: The University of Chicago Press, 2001, p. 714.

[43] μή οἴνῳ πολλῷ δεδουλωμένας – *mē oinō pollō dedoulōmenas* – no esclavizadas a mucho vino.

Las tres frases se refieren a una persona "que bebe demasiado y habitualmente, y por eso se vuelve un ebrio". [44] Pero queda evidente que los términos se refieren a mucho más que a la dependencia del alcohol. El hombre dependiente de cualquier sustancia, cosa o persona demuestra falta de autocontrol o, mejor, ausencia de control del Espíritu. ¡El hombre de Dios debe tener una mente atenta y alerta, no dividida ni ofuscada!

El hombre de Dios y los vicios

La carta de Efesios, que fue escrita a la iglesia de Éfeso, donde Timoteo tenía la tarea de elegir los presbíteros (v. 1 Tim 1:3), aclara lo que Pablo tenía en mente con la prohibición *no dado al vino: No os embriaguéis con vino, en lo cual hay disolución; antes bien sed llenos del Espíritu* (5:18). El cristiano no debe ser "controlado" por cualquier otro factor en su vida a no ser el Espíritu de Dios. Lo que pasa de eso constituye idolatría.

Disolución en ese texto incluye la idea de caos, abandono, una vida fuera de control. ¡Cualquier elemento que promueva este tipo de comportamiento acaba controlándonos por falta de resistencia! Es la paradoja del libertinaje – somos dominados por lo que creemos dominar. La aplicación de este principio va más allá del uso de las drogas o alcohol, a pesar de que esos dos elementos, aliados a los vicios sexuales (tratados en Timoteo), sean los más degenerativos de los ídolos del corazón.

Cualquier cosa que nos distraiga al punto de que perdamos la lucidez espiritual, el foco en el propósito divino para la vida o el buen uso del tiempo, nos lleva a una vida sin reglas y fuera del control del Espíritu Santo.

En vez de eso, el hombre de Dios es controlado por el Espíritu Santo de Dios. Sus pensamientos, acciones y motivaciones en la vida no son el resultado de placeres externos, sino del Espíritu que habita en él. En la esfera del corazón,

---

[44] Louw, J. P.; Nida, E. A. *Greek-English Lexicon of the New Testament: Based on Semantic Domains.* New York: United Bible Societies, 1996, c1989 (Electronic ed. of the 2nd edition).

ese hombre es llevado, dirigido, impulsado y disciplinado por el Espíritu de Dios y por la ministración de la Palabra (Ef 5:18; Col 3:16).

El hombre de Dios y la idolatría

La tendencia del corazón humano es para la *idolatría* (Ez 14:1-7). *¡Todos nosotros somos adoradores!* Y somos seducidos por ídolos que nos corrompen y nos esclavizan. Tenemos la tendencia de permitir que una o más áreas de nuestra vida queden fuera de control, al punto de dominarnos y poseernos. En ese sentido, somos poseídos por aquello que consumimos.

El proceso de liberación de los ídolos y de cualquier dependencia es continuo; requiere la renovación diaria de la mente (Ro 12:2) por la Palabra de Dios (Col 3:16), promovida por la acción del Espíritu de Dios (Ef 5:18). Una buena relación de rendir cuentas es un factor a ser considerado, pues un compañero en la fe nos puede ayudar a detectar áreas de nuestra vida que necesiten de control y liberación. Esa es la gran batalla contra la carne (Gl 5:17; Ro 7:18).

Debemos estar atentos a la aplicación de esta exigencia del hombre de Dios. Mucho más que la prohibición de la embriaguez, nos recuerda que nuestro corazón tiene que ser totalmente consagrado a Cristo. Una devoción lúcida, singular y apasionada por Él debe caracterizar nuestra vida.

Por ser un elemento externo que consume a quien lo ingiere, el alcohol tiene que estar en la lista de los elementos de riesgo, al tiempo que la mente, el cuerpo y el corazón deben ser controlados por el Espíritu Santo, *llevando cautivo todo pensamiento a la obediencia a Cristo* (2 Co 10:5) *por la renovación de la mente* (Ro 12:2), por el poder de la palabra (Col 3:16) y por el control del Espíritu (Ef 5:18).

Conclusión

A pesar de que todo lo que Dios creó es bueno (1 Tim 4:4,5) y el cristiano tenga la libertad de disfrutar, con moderación, lo que Dios hizo, existen situaciones en las que él debe escoger *abstenerse* de ciertas actividades por causa del peligro que representan en su vida y para su testimonio. Es importante que él no juzgue a otros que tengan opiniones diferentes sobre determinadas actividades. Así como también es importante que él sea sensible al contexto en el que vive, y que se conozca a sí mismo lo suficiente para tomar decisiones sabias sobre actividades "dudosas", cualesquiera que sean.

PREGUNTAS PARA GRUPOS PEQUEÑOS

1. ¿Cuál es su postura personal ante las bebidas alcohólicas? ¿Cuáles son las bases bíblicas para su decisión de beber o no beber?

2. ¿Existe algo en la vida que domina sus pensamientos? ¿Qué lo controla? ¿Qué es lo que más desea, más que el propio Dios? ¿Qué es lo que quiere demasiado que lo deja mal cuando no lo obtiene? ¿Existe algo que cambia su disposición de servir en el reino o de leer la Palabra?

   Algunos ejemplos son:

   - Drogas
   - Alcohol
   - Trabajo
   - Comida
   - Bienes materiales
   - Reconocimiento, fama
   - Ejercicio físico
   - Sexo
   - Deportes
   - TV/Internet
   - Estudio
   - Entretenimiento

3. ¿Cuáles son algunos pasos prácticos que alguien debe tomar para obtener victoria sobre cualquier tipo de dependencia? ¿Qué sucedería si se abstuviera de eso?

4. La ira muchas veces puede ser un fuerte indicador de ídolos (vicios) en nuestro corazón, áreas dominadas por factores externos que son demasiado importantes para nosotros. ¿Qué nos deja airados? ¿Cuáles "derechos" defendemos al punto de que quedemos con rabia cuando son bloqueados? ¿Será que eso revela un vicio en su vida?

La pregunta clave: ¿Qué me controla (domina, preocupa, esclaviza) más que el Espíritu Santo de Dios y la Palabra de Dios?

8

NO PENDENCIERO,
SINO AMABLE

La violencia contra otro ser humano es una tragedia y ofensa contra Dios, que nos creó a su propia imagen. Pero la tragedia más grande es cuando la violencia es practicada en el contexto del hogar, por personas llamadas por Dios para proteger, no para perjudicar al otro.

Considere la epidemia de la violencia doméstica que caracteriza nuestros días:

- "En Chile, un estudio reciente reveló que casi el 60 por ciento de las mujeres que viven en pareja sufren algún tipo de violencia doméstica y más del 10 por ciento agresión física grave.
- En Colombia, más del 20 por ciento de las mujeres ha sido víctima de abuso físico, un 10 por ciento ha sufrido abuso sexual y un 34 por ciento, abuso psicológico.
- En Ecuador, el 60 por ciento de las residentes en barrios pobres de Quito han sido golpeadas por sus parejas.
- En Argentina, el 37 por ciento de las mujeres golpeadas por sus esposos llevan 20 años o más soportando abusos de este tipo."[45]
- En Brasil seis en cada diez brasileños conocen alguna mujer que fue víctima de violencia doméstica (31%). El

---

[45] Disponible en: http://www.arte-sana.com/espanol_statistics2.htm visto el 01/12/15

alcoholismo es apuntado como el principal factor que contribuye para la violencia.

La violencia en el mundo empezó después de la entrada del pecado en el jardín del Edén, cuando Caín mató al propio hermano por envidia (Gn 4). Un poco antes de eso, Adán ya había practicado la violencia contra Eva cuando la culpó por la entrada del pecado en la raza humana. En vez de asumir la culpa (que realmente era de él, como líder de la raza y protector del jardín) y proteger a la esposa, Adán escogió el camino más fácil. Para salvar su propia piel, ¡Adán señaló a la mujer como la responsable por comer del fruto prohibido, y consecuentemente por el pecado cometido, condenándola a una "muerte" fulminante de parte de Dios! Imagínese lo que hubiera pasado por la cabeza de Eva cuando ella y Adán se presentaron ante el santo Creador. ¡El marido – que se había encantado con la mujer creada entonces y que había sido llamado por Dios para protegerla y proveer sus necesidades - de un momento a otro se pone contra ella y le da inicio a su muerte! Una tragedia. ¡La destrucción del plan perfecto de Dios para la familia!

Dios llamó a los hombres para que sean *protectores, no predadores; defensores, no destruidores*. Debemos usar la fuerza no en beneficio propio, sino en la defensa de los más débiles.

> **NO HAY TRAGEDIA MÁS GRANDE QUE SER HERIDO POR QUIEN DEBERÍA PROTEGERNOS.**

Violencia como expresión de la ira

¿Usted recuerda alguna situación en la que realmente quedó enfurecido? ¿Cómo expresó su ira? ¿Recuerda un momento en el que "estalló" y después se sintió profundamente avergonzado? O ¿de una ocasión en la que la ira perjudicó una relación y maltrató otra persona? Además de situaciones comunes en casa, piense en las situaciones a continuación:

- Le dieron una patada en un partido de fútbol
- Un chofer imprudente casi estrella su coche
- Un arreglo que sería de minutos fue de más de una hora
- Un amigo traicionó su confianza
- Alguien rompió una promesa
- Usted fue robado por un empleado
- Sufrió injusticia del patrón

Esta es un área en la que muchos enfrentamos grandes luchas. La ira que termina en actos de violencia (contra personas u objetos) revela un espíritu que aún no está bajo el dominio del Espíritu Santo (Pr 16:32). En el mismo punto de la tentación sexual, esta área constituye una de las más grandes amenazas a la presencia de Jesús en el hombre de Dios.

Las próximas cualificaciones que estudiaremos son como dos lados de la misma moneda. Primero, una cualidad descrita negativamente: *No pendenciero*. Seguida por su manifestación positiva: *Sino amable*. Esas cualidades quedaron evidentes en la vida de Jesús, que personificó lo que es ser un hombre de verdad.

Negativo

No pendenciero

(-)

Positivo

Sino amable

(+)

Cualidad del carácter: No pendenciero, sino amable

Textos: 1 Timoteo 3:3; Tito 1:7; 3:2; 2 Timoteo 2:23,24

Término y significado

Las palabras *pendenciero* y *amable* son como dos polos del mismo concepto. *Pendenciero* es lo opuesto de *amable*.[46]

Pendenciero[47] es un término utilizado en el NT solamente en el texto paralelo de Tito 1:7. Se deriva de un verbo que significa "golpear", por eso algunos traducen la frase literalmente: "Alguien que no golpea". El hombre de Dios no vive con los nervios a flor de piel al punto de querer resolver sus asuntos con los propios puños, ni es dado a actos de violencia o ira cuando se frustra por cualquier cosa.

Amable[48] se encuentra en varios textos (Flp 4:5; Tit 3:2; Stg 3:17; 1 P 2:18; Hch 24:4; 2 Co 10:1). Trasmite la idea de alguien que es manso y sensible a los sentimientos de los demás y que tiene una perseverancia paciente. Un sinónimo[49] describe el "siervo de Dios" como alguien que evita *las cuestiones necias e insensatas,* [...] *amable para con todos, apto para enseñar, sufrido; que con mansedumbre corrija a los que se oponen...* (2 Tim 2:23-25).

Jesús y la masculinidad bíblica. De manera única, Jesús encarnó esas cualidades de carácter y masculinidad. Él era amable, pero nada en él podría ser llamado de afeminado. Como carpintero en aquellos días, sus manos y sus brazos fueron forjados por años de trabajo duro, sin el beneficio de herramientas industriales modernas. Es interesante notar que los enemigos de Jesús se esforzaron para agarrarlo por la fuerza. Sin embargo, cuando volteó las mesas de los cambistas en el templo, nadie lo impidió. Cuando la multitud quería apedrearlo, pasó por medio de ellos sin que nadie levantase un dedo para agarrarlo. Nadie tenía el valor de tocar a Jesús, a no ser cuando tenían escolta de un bando de soldados armados.

---

[46] μὴ πλήκτην ἀλλα ἐπιεικη

[47] πλήκτην

[48] ἐπιεικη

[49] ἤπιον

Jesús era fuerte, pero era cordial, amable. Las escrituras citan la profecía de Isaías sobre Jesús: *No contenderá, ni voceará, Ni nadie oirá en las calles su voz. La caña cascada no quebrará, Y el pábilo que humea no apagará, Hasta que saque a victoria el juicio* (Mt 12:19,20; cf. Is 42:1-4; 1 P 2:23).

Este tipo de amabilidad implica fuerza, pero fuerza bajo control y prudencia. Es el puño de hierro en guante de seda. En Mateo 11:29 leemos una descripción de Jesús como *Manso y humilde de corazón* (Cf. Mt 21:5). Note que esa descripción viene exactamente antes de que Jesús desafíe a los fariseos, los líderes poderosos y establecidos de su época (Mt 12:22-37).

Pablo describe a Jesús como Manso y Tierno en 2 Corintios 10:1: *os ruego por la mansedumbre y ternura de Cristo...* la mansedumbre es fruto producido por el Espíritu, al paso que la violencia (*enemistades, pleitos, celos, iras, contiendas, disensiones, herejías, envidias*) son características de la carne (Gl 5:19-23).

Como cualidad del carácter del líder espiritual, es esencial tener un espíritu pacificador, no pendenciero. El hombre de Dios tiene que guardar en su corazón y el propio espíritu en medio a ataques hostiles; de esa manera, sus convicciones deben ser defendidas de manera adecuada; de la misma manera como él debe saber sin ser agradable.

El hombre de Dios y la ira

Porque la ira del hombre no obra la justicia de Dios (Stg 1:20); al contrario, crea una brecha para que el diablo actúe (Ef 4:27), una oportunidad para arruinar nuestras vidas, nuestros relacionamientos y nuestro testimonio. ¿Qué está por detrás de la ira? Podemos citar:

1. ÍDOLOS que tengo en el corazón, que deseo y a los cuales sirvo más de lo que deseo y sirvo a Dios (Ez 14:1-5). Cuando son expuestos y amenazados, quedo irado.
2. DERECHOS que creo tener y merecer (Flp 2:3-8). Cuando son retirados de mí, siento haber sufrido una gran injusticia, lo que lleva a quedar airado.

3. DESEOS que oculto, como sueños, esperanzas y expectativas (Stg 4:1-5). Hacen que yo luche para conseguir realizarlos y que me ponga bravo cuando son bloqueados.

En todos esos casos, la raíz es el egoísmo, la pasión desenfrenada para gratificar el yo, cueste lo que cueste.

Conclusión

Cristo en nosotros (cf. Col 1:27) es la clave para la verdadera masculinidad bíblica, que se expresa en una vida de humildad y dependencia diaria de aquel que realmente era manso y humilde. Todas las personas que luchan con la ira necesitan clamar a Dios por misericordia y gracia para que Jesús impregne en nosotros su vida fuerte, amable y mansa.

Difícilmente seremos amables y mansos cuando somos consumidos por la pasión de satisfacer nuestros deseos o defender nuestros "derechos". A continuación, presentamos algunas situaciones típicas para reflexión. ¿Cuál sería su reacción ante cada una de ellas? Después, imagínese cómo Jesús habría reaccionado en cada instancia. Responda, finalmente, si usted es un hombre violento e irascible, o manso y amable.

Imagine que

- ... sus hijos empiezan a pelear sobre qué programa de TV van a ver y le acaban despertando de la siesta.
- ... usted abre un *e-mail* por equivocación y un virus daña todos los archivos de su computador.
- ... usted tiene que llegar a la iglesia en 15 minutos, pero su hija adolescente aún está en el baño alistándose para el culto.

No pendenciero, sino amable apunta hacia la necesidad que tenemos de depender constantemente de Cristo para que sus características se reflejen en nuestra vida. "Señor, ten misericordia de mí, ¡un pecador!"

PREGUNTAS PARA GRUPOS PEQUEÑOS

1. ¿Con cuáles situaciones arriba usted se identifica más? ¿En general qué le deja airado? ¿Cuáles de los "derechos", cuando violados, tienden a dejarlo bravo, tentado a ser violento y no amable?

2. ¿Usted es una persona amable? Cuáles grupos tendrían *menos* probabilidad de caracterizarle como una persona mansa:
   - Hijos
   - Esposa
   - Vecinos
   - Compañeros de trabajo o amigos
   - Conductores en el tráfico
   - Competidores en una modalidad deportiva
   - Miembros de la iglesia
   - Vendedores en general

Oren unos por los otros para que sean hombres no pendencieros, sino amables.

9

APACIBLE
NO IRACUNDO

Se cuenta la historia de un conductor que tuvo su neumático dañado a la media noche, en una carretera desierta y oscura. Él estaba molesto cuando descubrió que la herramienta para cambiar el neumático se había perdido. A lo lejos, notó una luz prendida en la entrada de una hacienda. Resolvió pedir ayuda.

Mientras caminaba, se imaginaba el diálogo que podría surgir cuando despertase al dueño de la hacienda y a su familia. Mientras más se acercaba, más perplejo quedaba, pensando en la indignación del hombre al ser despertado, su indignación porque un conductor irresponsable había salido para un viaje largo sin las herramientas del carro, y así en adelante. Se sintió avergonzado, frustrado e irritado.

Finalmente, después de golpear durante algunos minutos en la puerta de la casa, el dueño apareció y solamente dijo:

"¡Hola!"

El conductor gritó:

"¡Puede quedarse con sus herramientas viejas!" – se dio vuelta y se fue, dejando al hacendado confuso, rascándose la cabeza...

Apacible describe la cualidad esencial del carácter del hombre de Dios. Algunos quizás piensan: "No soy una persona complicada; nunca golpeé a nadie. No grito ni hablo mal de nadie. Nunca fui violento ni busca pleitos." Aun así, es necesario vigilar nuestro corazón para detectar áreas en las cuales generalmente somos tentados a ser contenciosos.

Muchas veces una naturaleza contenciosa se revela en situaciones de anonimato, cuando nadie está mirando: en el tráfico, lejos de casa, en lugares donde no somos conocidos. Un espíritu contencioso se manifiesta en primer lugar en el pensamiento. Con frecuencia el miedo a la opinión ajena nos lleva a no manifestar un sentimiento de ira. No obstante, eso nos hará vivir un drama interior de conflicto, tensión, diálogos imaginados, deseos de venganza.

Contiendas como expresión de ira

La persona que le gustan los pleitos o contenciosa revela un corazón no contento, egoísta y colérico. Como ya sabemos, la ira es un área en la que muchos de nosotros, hombres, enfrentamos grandes luchas. Se trata de un "monstruo" escondido en los rincones remotos y oscuros de nuestra vida, y que aparece en los momentos en los que menos esperamos. Personas con los "nervios a flor de piel" siempre están en búsqueda de una pelea. El hombre de Dios no vive así, sino que huye de conflictos no necesarios. Es decir, es *apacible..*

> **Cualidad del carácter:** *Apacible, no iracundo*
>
> **Textos:** *1 Timoteo 3:3; Tito 1:7 (cf. Tit 3:2,9; 2 Tim 2:23,24; Stg 4:1-3; Tit 3:9*

Término y significado

Existen dos términos en las listas de las cualidades del carácter del hombre de Dios que lo caracterizan como *Apacible*. El primero viene de una palabra original que significa "no dado a pelear; que no pelea".[50] Algunos sugieren la traducción "no

---

[50] ἄμαχον (*amachon*). *machē* significa "lucha, combate" y fue usada en el contexto de la guerra entre ejércitos, "una batalla". Con el prefijo negativo "a", por lo tanto, significa: "No dado a pelear, que no pelea".

contencioso". La palabra describe la persona que no despierta de mal humor y que no está siempre buscando motivos para pelear. La persona que pelea siempre está lista para defender lo que considera que son sus derechos.

Algunas versiones enfatizan el sentido positivo; otras el lado negativo: *No contencioso* (NBLH/LBLA); *pacífico* (DHH).

El segundo término funciona como sinónimo en la lista paralela de Tito 1 y es traducido por *no iracundo* en casi todas las versiones en español. Usado solamente aquí en el NT, describe a alguien de temperamento explosivo, iracundo, furioso y colérico, o de mal humor. [51]

Hombres piadosos y especialmente líderes espirituales deben ser pacificadores, no busca pleitos. Eso no quiere decir que sacrifican sus convicciones para mantener el *status quo*, sino que consiguen estar en desacuerdo sin ser innecesariamente desagradables. ¡Un fosforito no contribuye para un ministerio largo![52]

Lo opuesto de ser contencioso es tener un espíritu quebrantado y humilde. Aquellos que están conscientes de las muchas necesidades de transformación interna tienen menos propensión a pelear o discutir para obtener lo que desean, o para preservar sus derechos. En general, se vuelven pacificadores, mediadores del favor divino, porque reconocen que la *ira del hombre no obra la justicia de Dios* (Stg 1:20).

LA NATUREZA CONTENCIOSA

Existen por lo menos cuatro esferas en las que una naturaleza contenciosa que busca pelea se revela, brotando primeramente del corazón y de pensamientos airados, los

---

[51] La palabra griega ὀργιλόν aparece cuatro veces en la Septuaginta, traducción griega del hebreo, y fue traducida por *iracundo* (Pr 22:24), *perverso* (Sal 18:26).

[52] Wiersbe, Warren W. *The Bible Exposition Commentary*. Wheaton, Ill.: Victor Books, 1996, c1989. 1 Tim 3:1

cuales llevan, a continuación, a actitudes erradas, que, a su vez, producen palabras duras y pueden culminar en acciones violentas (v. Stg 4:1-3). Vea el diagrama a continuación:

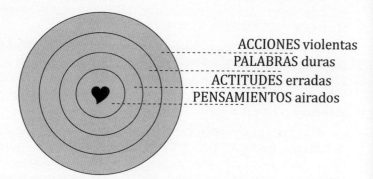

ACCIONES violentas
PALABRAS duras
ACTITUDES erradas
PENSAMIENTOS airados

SITUACIONES QUE REVELAN UNA NATURALEZA CONTENCIOSA (EL CORAZÓN):

Nuestra vida es como un vaso de agua. ¡Cuando sacudido, derrama lo que tiene por dentro! Cuando las circunstancias nos afligen y alteran nuestro bienestar, acaban revelando lo que está dentro de nuestro corazón.

Vea algunos ejemplos que revelan una vida contenciosa y que no reflejan el carácter de Cristo Jesús:

1. En contextos sociales

La persona contenciosa...
- Está siempre buscando ocasión de criticar al mesero, la comida, el restaurante, etc.
- Es un "sabelotodo" en conversaciones y contextos sociales, pues tiene que probar que siempre tiene razón.
- Es ofensiva y que busca pelea en almacenes, filas o empresas, siempre que reclama y encuentra defectos, devolviendo la mercancía, escribiendo cartas de reclamación o insistiendo en hablar con el gerente.

- En el transporte público (bus, metro, avión), siempre encuentra la razón para reclamar o discutir.

2. En la casa

La persona que busca pelea...
- Siempre está en lo correcto.
- No admite el error y siempre ofrece justificaciones cuando es criticada.
- Nunca pide perdón.
- Siempre busca peleas.
- Obliga a las personas alrededor a actuar con cautela para no ofenderla, pues nunca saben cuándo estará de mal humor.

3. En la iglesia y en los contextos comunitarios

La persona que crea conflictos...
- Queda airada cuando discute teología o asuntos polémicos.
- Distancia las personas que intenta evangelizar por ser contenciosa y arrogante (gana el argumento, pero pierde la persona).
- Siempre necesita tener la última palabra en clases de estudio bíblico, cultos administrativos o reuniones de liderazgo.

4. En deportes, juegos y competencias

La persona irascible...
- Es un pésimo ganador y el peor perdedor.
- Encara seriamente (demasiado) las competencias, juegos, etc.
- Siempre se envuelve en discusiones sobre reglas o injusticias (reales o imaginarias) con el árbitro o juez.

5. En el colegio

La persona irritable...

- Siempre disputa notas, peleando por un punto más, e insiste en que tiene la razón.
- Reclama de todo.
- Provoca discusiones insensatas y sabe desistir.

6. En la carretera

La persona irascible...

- Siempre tiene razón al volante y habla mal de los malos conductores en el tránsito.
- Se venga de los otros conductores que lo perjudican en el tránsito.
- Grita o hace gestos, prende luz alta, acelera, pita o impide ser sobrepasado por otros conductores que juzga son inconvenientes.

De la misma manera, como en el caso de la tentación sexual, el hombre de Dios enfrenta desafíos constantes en el área de la ira. Solamente el Espíritu de Dios puede producir el equilibrio de Jesús en la vida de una persona, que se refleja en una vida fuerte, valiente y que defiende a los más débiles, sin ser contenciosa ni que pelea. Ese fruto del Espíritu no puede ser fabricado artificialmente, sino brota de raíces profundas en el suelo de la gracia. Que sea esta vida la que se manifieste en nosotros en la próxima vez que un neumático roto nos deje a camino en una carretera oscura y desierta.

PREGUNTAS PARA GRUPOS PEQUEÑOS

1. ¿En su opinión, cuáles son los factores que contribuyen para una naturaleza de pelea?
2. ¿Cuál es la tensión entre ser pacificador y cobarde (aquel que huye de la confrontación)?
3. ¿De las esferas de la ira ilustradas en este capítulo, cuál presenta más dificultad para usted: pensamientos, actitudes, palabras o acciones?
4. ¿De las situaciones expuestas, cuál es el área en la que usted es más tentado a ser busca pleitos?

Oren los unos por los otros para que ustedes prueben la vida de Jesús, el único capaz de no ser contencioso en todas las esferas de la existencia.

10

NO
AVARO

Una historia del gran autor Liev Tolstoi, llamada ¿*Cuánta tierra necesita el hombre?*,[53] cuenta cómo un hombre pobre se volvió dueño de una gran propiedad. Pero la posesión hizo que él siempre buscase más y más terrenos. Un día supo de un pueblo nómada que vivía lejos, pero que vendía propiedades grandes por precio muy bajo. Se trataba de tierra fértil, plana, fácil de cultivar. El hombre viajó hasta el lugar distante y preguntó sobre el precio de la tierra.

"Nuestro precio siempre es el mismo", respondió el cacique de la tribu. "Cien dólares por un día".

El hombre no entendió. "¿Por día?", preguntó, "¿Qué medida es esta? ¿Cuál es su tamaño?"

"No sabemos medir", respondió el cacique.

"Vendemos el terreno por día. Todo lo que consiga demarcar con los propios pies en un día le pertenecerá, y el precio es cien dólares el día."

"Pero en un día usted consigue cercar un lote enorme", respondió el hombre.

---

[53] Resumen de la historia por Liev Tolstoi. *De quanta terra precisa o homem*. São Paulo: Companhia das Letras, 2009.

El cacique ser rió. "Todo será suyo", dijo. "Pero hay una condición. Si usted no vuelve el mismo día, antes del poner del sol, hasta el lugar donde empezó, perderá todo.

Antes de que el sol apareciera en el horizonte al día siguiente, el hombre colocó los 100 dólares en el sombrero que el cacique había dejado en el piso. Empezó a andar, de manera compasada, no rápido, ni tampoco muy despacio. Pero, a la medida que veía esa tierra fértil, empezó a andar cada vez más rápido. En un esfuerzo de incluir un campo especialmente atrayente, fue muy lejos antes de colocar una estaca en el piso y empezó a volver. Bajo un sol ardiente, tenía que correr cada vez más rápido para no llegar atrasado. Jadeante, observaba el sol aproximándose del horizonte. A lo lejos veía el cerro de donde había empezado, pero sus piernas débiles ya se arrastraban en el piso. Sus pulmones ardían, el corazón parecía que iba latir fuera del pecho. Pero veía toda la tribu encima del cerro motivándole a continuar. Ahora el sol estaba tocando el horizonte, y el hombre hizo un último esfuerzo para llegar a la cima del cerro antes del poner del sol.

Cuando él alcanzó la base del cerro, de un momento a otro, todo quedó oscuro. ¡El sol se había puesto, y él había llegado muy tarde! *Todo en vano*, pensó. Pero fue entonces que se dio cuenta que la tribu continuaba gritando, y recordó que allá arriba, aún había sol. Respiró hondo y corrió para arriba con la última fuerza que le restaba en el cuerpo. Arriba vio al cacique riéndose. Gateando, cayó y alcanzó el sombrero con la mano, pero no se movió más. Estaba muerto. Su siervo agarró una pala y cavo un hueco de dos metros. Era toda la tierra que de hecho el hombre necesitaba.

¿Cuánta tierra es suficiente? ¿Cuánta fama basta? ¿Cuánto dinero lo satisface? Una vez, le preguntaron al hombre más rico del mundo cuánto necesitaba él para estar verdaderamente contento. Él respondió: *Tan solo un dólar más!*

Proverbios 27:20 dice: El infierno y el abismo nunca se llenan y los ojos del hombre nunca están satisfechos. Aun en el paraíso, con todo a su disposición, Adán y Eva ¡querían más! Quién sabe por eso el último de los mandamientos parece resumir mucho de lo que se encuentra en las dos tablas de la ley, cuando expone la naturaleza del corazón humano:

> No codiciarás la casa de tu prójimo, no codiciarás la mujer de tu prójimo, ni su siervo, ni su criada, ni su buey, ni su asno, ni cosa alguna de tu prójimo (Éx 20:17).

Ya tratamos de dos áreas de gran tentación que derrumban a muchos hombres: *Tentación sexual y la ira*. Este estudio enfoca un tema más de esta notable lista: la avaricia. El hombre de Dios no puede ser amante del dinero. Punto final. "El deseo por el dinero no puede ser el motivo que gobierne la vida".[54] Las Escrituras hablan mucho sobre dinero, codicia, avaricia y la manera por la cual los bienes materiales revelan lo que realmente está en el corazón del hombre. Es interesante notar que en cada lista de calificaciones de liderazgo aparece la orientación contra la avaricia (1 Tim 3:8; Tit 1:7; cf. Hch 20:33).[55]

Resumen

Cualidad del carácter: No avaro

Textos: 1 Timoteo 3:3,8: Tito 1:7; Cf 1 Pedro 5:2

Las versiones bíblicas en español traducen los dos textos de 1 Timoteo 3:3,8 y Tito 1:7 de varias maneras:
- *No avaro/No codicioso de ganancias deshonestas* (RVR60)
- *Ni amigo del dinero/Ni codicioso de ganancias mal habidas* (NVI)
- *Ni amar el dinero/Ni deshonesto con el dinero* (NTV)

---

[54] Hiebert, D. Edmond. *First Timothy*, p. 66.
[55] Fee, Gordon D. *1 and 2 Timothy*, Titus, p. 82.

- *Desinteresado en cuanto al dinero/Ni desear ganancias mal habidas* (DHH)

Amor al dinero, raíz de todos los males

Porque el amor al dinero[56] *es la raíz de toda clase de males. Por codiciarlo, algunos se han desviado de la fe y se han causado muchísimos sinsabores* (1 Timoteo 6:10, NVI).

Infelizmente, el hombre de Dios y el líder espiritual no están exentos de esos males. El deseo por bienes, riquezas, comodidades y poder, lleva a algunos a sacrificar la ética en pro de beneficios materiales. Es una de las características de los últimos dias, cuando los hombres serán *amadores de sí mismos y avaros* (cf. 2 Tim 3:2).

Amor al dinero, termómetro del corazón

El uso (o abuso) del dinero es uno de los indicadores más afinados del estado del corazón. Jesús dejó eso bien claro cuando dijo: *Porque donde esté vuestro tesoro, allí estará también vuestro corazón* (Mt 6:21). O: *Ninguno puede servir a dos señores* (Mt 6:24b) – a Dios y al dinero –, pues representan sistemas de valores contrarios.

La falta de contentamiento con lo que Dios da revela un corazón avaricioso: *Sean vuestras costumbres sin avaricia, contentos con lo que tenéis ahora...* (Heb 13:5).

Amor al dinero, tentación de ministro

No debemos sorprendernos con el hecho de que esa característica aparece varias veces en textos que trazan el perfil del hombre calificado para funciones de liderazgo espiritual en la iglesia. Una vida apegada al reino de Dios no puede al mismo tiempo ser cegada por las cosas de este mundo. Pablo usa un adjetivo compuesto en 1 Timoteo 3:3

---

[56] ἀφιλαργυρία - ἀ "no" φιλ -- (fil-) "amar" αργυρον (arguron) "plata, dinero"; *filarguria*, lit. = "amor a la plata".

para referirse al presbítero como alguien que "no es amante del dinero".

La idea se repite en la lista de cualificaciones de los diáconos en 1 Timoteo 3:8 (*no codiciosos de ganancias deshonestas*)[57] y en la lista paralela para presbíteros en Tito 1:7 (*no codiciosos de ganancias deshonestas*).[58]

Antes de identificar el amor al dinero (no el dinero en sí) como raíz de todos los males, Pablo declara: *Porque los que quieren enriquecerse caen en tentación y lazo, y en muchas codicias necias y dañosas, que hunden a los hombres en destrucción y perdición* (1 Tim 6:9). Y enseguida añade: *Mas tú, hombre de Dios*, **huye de esta cosas** (1 Tim 6:11, énfasis nuestro).

Pedro también da una advertencia contra la tentación del amor al dinero: *Apacentad la grey de Dios [...] no por fuerza, [...] no por ganancia deshonesta, sino con ánimo pronto* (1 P 5:2).

En el contexto judío, los fariseos eran avaros. Ridiculizaban la idea que Dios y el dinero era señores "enemigos" (Lc 16:13).

Entre los efesios y las iglesias del primer siglo, había falsos maestros que comercializaban la Palabra de Dios en beneficio propio. Mounce cita un documento antiguo de instrucción eclesiástica, el *Didaquê*, cuyas orientaciones contra falsos maestros incluían la advertencia: *¡Si él le pide dinero, es un falso profeta!*[59] Tales falsos maestros son aquellos que suponen que "la piedad es fuente de ganancia". Son los progenitores de los falsos profetas modernos que negocian el evangelio de la salud y de la prosperidad, que abren iglesias tipo *franchaising*, que explotan las ovejas y se enriquecen a sí mismos (v. 1 Tim 6:5b).[60]

---

[57] μὴ αἰσχροκερδεις (*me aischrokerdeis*): "No ansiosos por ganancias" (de αἰσχρός, "vergonzoso", y κερδος, "ganancias", "ganar").

[58] μὴ αἰσχροκερδη

[59] Mounce, William. *Word Biblical Commentary*, p. 46,178.

[60] El problema es antiguo. Vea los textos a continuación, que describen el mismo problema entre los lideres espirituales en el Antiguo Testamento: Ezequiel 34:2-10; Zacarías 10:2,3; 11:4,5,

En la época en que el Nuevo Testamento estaba siendo escrito, falsos maestros "negociantes" ya estaban actuando, repitiendo el error de Balaán, el profeta "prostituto" que profetizaba contra el pueblo de Dios visando la ganancia (Jd 11b; 2 P 2:3).

El otro lado de la moneda: generosidad

Es posible que la señal más grande de que un hombre no es avaro, o amante del dinero, sea su desprendimiento en cuanto a los bienes materiales, o sea, su generosidad. El hecho de ser hospedador, como lo vimos, ya revela un corazón generoso y más volcado a las personas que a las cosas (v. 1 Tim 3:2). Es interesante que Pablo, en el mismo texto en que advierte contra la avaricia, incluye la siguiente exhortación al joven pastor Timoteo.

> *A los ricos de este mundo, mándales que no sean arrogantes ni pongan su esperanza en las riquezas, que son tan inseguras, sino en Dios, que nos provee de todo en abundancia para que lo disfrutemos. Mándales que hagan el bien, que sean ricos en buenas obras, y generosos, dispuestos a compartir lo que tienen. De este modo atesorarán para sí un seguro caudal para el futuro y obtendrán la vida verdadera* (1 Tim 6:17-19, NVI).

El hombre de Dios ya tiene el "bolsillo convertido". Su uso del dinero y de los bienes que posee revela quien es el verdadero señor de su vida. Los hombres de Dios son reconocidos por una vida desprendida y generosa. Tienen credibilidad para liderar el rebaño de Dios, pues visan únicamente el avance del reino de Dios.

PREGUNTAS PARA GRUPOS PEQUEÑOS

1. ¿Cuáles son algunas señales de que las cuestiones financieras son demasiado importantes y que el hombre se volvió "amante del dinero"?
2. ¿Cuáles son algunos principios éticos que alguien puede establecer para protegerse contra la avaricia?
3. ¿Cuáles son los ejemplos de generosidad no fingida que usted identificó en otros hombres y que revelaron un corazón no avaro?
4. ¿Cuáles son las áreas específicas que constituyen el desafío más grande para usted en la cuestión de la avaricia y del apego al dinero o a los bienes materiales?

Oren los unos por los otros para que la sutileza de la tentación financiera no arruine la vida y el ministerio de nadie de su grupo. Pidan a Dios un corazón no apegado a las cosas y generoso.

11

QUE GOBIERNE BIEN
SU CASA

Existen ocasiones que muchos de nosotros nos sentimos como si la vida estuviera fuera de control. Sin embargo, difícilmente llegamos al extremo de presentar síntomas del llamado síndrome de la acumulación compulsiva, o sea, la adquisición o recolección de bienes u objetos descartados como basura, o la acumulación exagerada y empolvada de cosas como libros, revistas, herramientas, diversos recipientes, productos químicos, metales, madera, muebles, materiales de construcción, material eléctrico y aparatos electrónicos, obsoletos o con defecto – por eso el término "juntados de cosas viejas".[61]

Un ejemplo de ese mal gobierno de la vida fue relatado en un reportaje:

> El excéntrico coleccionador Richard Wallace, de 61 años, tenía tanta basura acumulada en su patio que era posible ver por el Google Earth, programa que muestra imágenes de satélites [...]. El inglés acumuló montones y montones de periódicos, algunas publicaciones de 34 años antes. También estaban seis

---

[61] Disponible en: <http://pt.wikipedia.org/wiki/Acumulação_compulsiva>. Visto el 20 de enero de 2015.

carros oxidados – tres de la marca Jaguar, un *Audi* y dos *Wolseleys* -, casi cubiertos en el jardín por bolsas de latas y botellas desocupadas, sillas cubiertas de musgo, carrito de bebé, materiales de construcción y hasta lavaplatos. [62]

Si ya hace tiempo que limpió su alacena u organizó los guardarropas de la casa, quizás se siente un poco mejor al saber que realmente existen personas más desorganizadas que usted. A pesar que la Biblia no dice nada sobre la frecuencia con la que el hombre de Dios debe limpiar el baúl del carro o poner en orden sus objetos, habla, sí sobre la organización y liderazgo de su casa.

La cualidad del carácter del hombre de Dios que vamos a estudiar dice que él gobierne bien su casa (1 Tim 3:4a). Se refiere a la manera por medio de la cual el hombre lidera su familia como administrador responsable por el funcionamiento de la casa. La palabra "gobernar" (προϊστάμενον - *proistamenon*) significa literalmente "presidir". Se refiere a alguien que "está adelante, gobernando, dirigiendo" la familia.[63] Mounce sugiere que la palabra retiene un poco de su sentido original: "ir adelante" y "proteger y proveer".[64]

Dios llama al hombre para liderar "bien",[65] o sea, con decencia y orden, en contraste con caos y confusión. Él es reconocido por la propia familia como el líder de la casa.

El texto paralelo que se refiere al diaconato (3:12) dice: *Los diáconos* [...] *que gobiernen bien sus hijos y sus casas.* Los términos usados son idénticos (3:4), con excepción

---

[62] Disponible en: http://extra.globo.com/noticias/mundo/colecioa dor-ingles-tinha-tanto-lixo-em-casa-que-era-possivel-ver-do-espaco -3489419.htm#ixzz200qPKbQJ Visto el 20 de enero de 2015.

[63] *A Greek-English Lexicon of the New Testament and Other Early Christian Literature*, 3a ed. Chicago: The University of Chicago Press, 2001, p. 707.

[64] Mounce, William. *Word Biblical Commentary* 46, p. 178;

[65] καλῶς - *kalos*, en posición enfática en el texto.

que los hijos son destacados[66] como objeto de gobierno y orientación (estudiaremos este aspecto en el próximo capítulo).[67]

Note que la gerencia en 1 Timoteo 3:4 es más amplia que la simple paternidad. A pesar que la crianza de los hijos sea el enfoque en los dos textos, la idea de la gerencia se aplica a toda la casa, o sea, a la vida familiar. ¡El líder espiritual es un buen mayordomo de la propia casa!

Esa idea permea la carta de Pablo al joven ministro Timoteo, cuando el apóstol explica su razón al escribir *Esto te escribo, aunque tengo la esperanza de ir pronto a verte, para que si tardo, sepas cómo debes conducirte en la casa de Dios, que es la iglesia del Dios viviente, columna y baluarte de la verdad* (1 Tim 3:14-15).

¡La iglesia es un organismo, no una "organización"; una familia, no una empresa! Pero la familia también necesita buena administración, buena mayordomía para que todo pueda suceder con decencia y orden.

Infelizmente, muchos líderes de la iglesia no demuestran ser gerentes eficientes del propio hogar. A pesar de ser posible y hasta deseable compartir responsabilidades con la esposa (v. Pr 31:10-31; Tit 2:3-5) y, a veces, con los hijos mayores, en último análisis el responsable por el andar de la casa es el hombre.

---

[66] El término *hijos* está en posición enfática en el original.

[67] Entre otros textos relevantes en los que el término gobernar o presidir es utilizado, podemos mencionar: *el que exhorta, en la exhortación; el que reparte, con liberalidad;* **el que preside**, *con solicitud; el que hace misericordia, con alegría* (Ro 12:8); *Os rogamos, hermanos, que reconozcáis a los que trabajan entre vosotros, y* **os presiden** *en el Señor, y os amonestan; y que los tengáis en mucha estima y amor por causa de su obra. Tened paz entre vosotros* (1 Tes 5:12-13); *Los ancianos que* **gobiernan bien**, *sean tenidos por dignos de doble honor, mayormente los que trabajan en predicar y enseñar* (1 Tim 5:17).

> **Para reflexionar**
>
> En el mundo empresarial, la buena administración exige equilibrio financiero, personal, relacional y gerencial. Cuando se trata del "gerente" del hogar, ¿cuáles son algunas áreas en las cuales una administración equilibrada asegura "decencia y orden" en la familia?

Proverbios destaca la importancia de ser buenos mayordomos de las personas y de las posesiones que Dios nos confió: *Sé diligente en conocer el estado de tus ovejas, Y mira con cuidado por tus rebaños; Porque las riquezas no duran para siempre; ¿Y será la corona para perpetuas generaciones?* (Pr 27:23,24).

A la luz de este texto, entendemos que el hombre sabio valora lo que Dios le confió en sus manos, reconociendo que una mayordomía infiel puede resultar en la pérdida de esa bendición.

Volviendo a 1 Timoteo 3:4,5, descubrimos que el líder espiritual expande su influencia del menor al mayor, o sea, de su propia familia hacia el grupo más grande, la familia de Dios. Ella aprende a cuidar del propio rebaño para que pueda cuidar de la iglesia, el pueblo de Dios. Quien es fiel en lo poco también será fiel en lo mucho.

El versículo 5 levanta la pregunta retórica sobre la gerencia de la iglesia y de la familia: *pues el que no sabe gobernar su propia casa, ¿cómo cuidará la iglesia de Dios?* La palabra *gobernar*[68] es la misma usada en el versículo 4 y tiene la idea de "presidir". El principio está claro: primero, el hombre de Dios "gerencia" el grupo más pequeño, su rebaño. Después, adquiere experiencia y credibilidad para desempeñar papeles de liderazgo en la familia de Dios.

> **Para reflexionar**
>
> ¿Cómo la experiencia familiar prepara al hombre para el liderazgo espiritual en esferas más grandes?

---

[68] προστῆναι

El hombre de Dios aprende a cuidar de su propio núcleo familiar para que pueda cuidar de la iglesia. El verbo *cuidar*[69] aparece en el Nuevo Testamento solamente aquí (1 Tim 3:5) y en Lucas 10:34,35, en mención al buen samaritano que "cuidó" del hombre herido por asaltantes. El líder espiritual debe "gobernar bien su propia familia y la iglesia, cuidando de ellas, como alguien cuidaría de un amigo enfermo".[70]

Precedente bíblico

El plan de Dios en Génesis claramente establece un precedente para la responsabilidad gerencial del hombre en casa. No obstante, liderazgo no significa opresión ni abuso de poder, sino responsabilidad, supervisión, cuidado, amor sacrificial y ejemplo. Ser un hombre según el corazón de Dios requiere que asumamos la responsabilidad de liderazgo. No quiere decir machista ni tratar a las mujeres con desdén. Al contrario. La masculinidad bíblica exige el modelo de liderazgo de *siervo* (Ef 5:25-33).

Infelizmente, mientras a algunos hombres les gusta proyectar una imagen fuerte de liderazgo, muchas veces se están protegiendo de las propias inseguridades y miedos. Esa es la descripción clásica del machismo. En vez de liderar la casa, los hombres machistas se exentan de asumir su responsabilidad, reniegan su autoridad y son pasivos en su proceder, en vez de activos (léase: *intencionales*) en la dirección de su casa. ¡Dios llama hombres para que sean líderes en casa y en la iglesia!

Existen muchas evidencias en el relato de la creación en Génesis que muestran que Dios hizo al hombre para liderar, lo que también implica proteger y pastorear:

1. Adán fue creado primero (Gn 1:27; 2:7,15-23; cf. 1 Tim 2:13).

---

[69] ἐπιμελήσεται

[70] MOUNCE, William. *Word Biblical Commentary 46*, p. 178. La palabra "crear" en Efesios 6:4 también trae la idea de ternura y cuidado (ver Pr 4:03).

2. La mujer (Eva) fue hecha para el hombre (G 2:18,20-23; 1 Tim 2:13).

3. Dios dio las instrucciones sobre la "administración del hogar" (el jardín del Edén) al hombre (Gn 2:16,17).

4. La raza humana es llamada por el nombre de seres *humanos* (Gn 5:2, NVI).

5. Adán dio nombre a la mujer, ejerciendo así el liderazgo (autoridad) en el núcleo familiar (Gn 2:20,23; 3:20).

6. Dios culpó al hombre (Ro 5:12,17-21) en primer lugar y lo responsabilizó por la entrada del pecado en la raza humana (Gn 3:9: *Mas Jehová Dios llamó al hombre, y le dijo: ¿Dónde estás tú?*).[71]

7. Dios responsabilizó al hombre en dos esferas (Gn 3:17):

    a. PRIMERA, por el abandono del liderazgo (*Por cuanto obedeciste a la voz de tu mujer*).

    b. SEGUNDA, por la desobediencia (*y comiste del árbol que te mande diciendo: No comerás de él*).

8. La consecuencia del pecado es una inversión del ideal bíblico y funcional entre los sexos. La caída del hombre incluye la complicación de la tarea de gerenciamiento de la familia como resultado natural del pecado y de la confusión generada.[72] La mujer tentaría sobreponer el liderazgo del hombre (en vez de ser la ayuda idónea) y el hombre dominaría la mujer (en vez de liderarla y protegerla; v. Gn 3:16b y 4:7). Los hijos traerían dolor y no tanto alegría (3:16), y la tierra lucharía contra el hombre y su esfuerzo de "colocar el pan en la mesa".

---

[71] Satanás se dirigió a la mujer (Eva) con la finalidad de subvertir la orden bíblica de liderazgo masculino en el hogar; Adán asumió una posición pasiva y callada durante la tentación, por lo tanto, abriendo mano, de su responsabilidad como líder/sacerdote del núcleo familiar y abriendo la puerta para el pecado (Gn 3:1-6).

[72] *Lex talionis*, o sea, la "ley de retaliación", en la que el castigo es de acuerdo al crimen.

9. Dios anunció la muerte de Adán como cabeza de la raza humana (Ef 5:23; 1 Co 11:3).

Al mismo tiempo, debemos entender el liderazgo del punto de vista bíblico. Dios no llama a los hombres para la tiranía, sino para que sean siervos amorosos, siempre listos para defender y servir a su propia familia, enseñándole la Palabra de Dios, guiándola y sacrificándose por su bienestar. ¡Qué contraste con el retrato del machote que solamente quiere salirse con la suya en todo, piensa en sí mismo y defiende únicamente sus intereses!

Liderazgo amoroso a la moda de Jesús

Una cosa es enfatizar el liderazgo masculino; otra muy diferente es definir cómo funciona. Para muchos, ser líder es mandar a los demás, salirse con la suya, ser servido por los otros, estar por encima de los liderados. Pero el liderazgo del hombre de Dios sigue el modelo de Jesús. Entre muchas características de ese liderazgo, podemos destacar dos que representan un gran desafío para cualquier hombre que lleve en serio el ejemplo de Jesús:

1. **Servicio** (Jn 13:1-5,12-17; Mc 10:45; Flp 2:1-8; 1 P 5:1-3). El estilo de liderazgo que Jesús ejemplificó y enseñó encara tanto el privilegio de ser líder como la oportunidad y la responsabilidad de servir a todos los que están bajo su liderazgo. O sea, la pirámide del liderazgo es invertida. En vez de ser *servido* por los que están DEBAJO de él (figura 1), el líder de acuerdo al corazón de Dios tiene el privilegio de servir a todos los que pone por ENCIMA de él (figura 2):

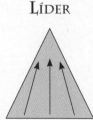

Figura 1

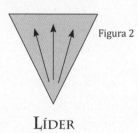

Figura 2

2. **Sacrificio amoroso** (Ef 5:25-33; 1 P 5:1,2; cf. 1 Tim 1:5; 1 Co 13). La segunda característica del líder según el corazón de Jesús es la disposición de amar sacrificándose a sí mismo. El marido tiene como llamado amar la esposa como Cristo amó la iglesia, sacrificándose por ella, cuidando de ella tanto cuanto él cuida del propio cuerpo (Ef 5:25-33). Los líderes de la iglesia son llamados a pastorear sin pensar en el beneficio propio, sino con el objetivo de servir a los hermanos en Cristo (1 P 5:2). Dios reprende severamente pastores/líderes que explotan y engañan al rebaño (Zc 10:2,3; 11:4-7; Jer 23:11, 14-16, 21, 25-32) y que no se sacrifican para servirlo y amarlo. Ese tipo de amor exige valor, fuerza, disposición y desprendimiento – todos ejemplificados en Jesús.

Por el hecho de que la imagen de Dios en el hombre fue corrompida y contaminada en el primer Adán, el Hijo de Dios se hizo hombre (el segundo o nuevo Adán) con el objetivo de mostrarnos el camino de vuelta a Dios (Jn 1:14). En Cristo, somos hechos nuevamente a la imagen de Cristo (2 Co 5:17,21), llamados para andar en una nueva forma de vida (Ro 6:4; Col 2:6), una vida en Cristo, para que él viva por medio de nosotros (Gl 2:20). Dios completará esta maravillosa obra, y un día seremos en la práctica lo que ya somos en posición (Flp 1:6; Ro 8:29; 1 J 3:1,2).

Para reflexionar

A la luz de la seriedad con la que Dios trata el liderazgo masculino en casa, ¿usted consigue detectar áreas en su vida en las cuales haya negado su responsabilidad, delegado demasiado a sus familiares o dejado de proteger a su esposa (1 P 3:7), forzándola a cargar demasiado peso para ella?

Liderazgo masculino en la iglesia

A pesar de ser un asunto muy polémico en nuestros días, el énfasis de las Escrituras trata del liderazgo masculino en el contexto de la iglesia local. La enseñanza bíblica claramente indica que los hombres deben ejercer el liderazgo de la iglesia.[73]

Pero hoy mucha cosa cambió. En algunas iglesias, es difícil encontrar hombres en el liderazgo. ¡En otras, es difícil encontrar hombres *en la iglesia*! Antes de culpar las mujeres por haber entrado en la brecha, es necesario que nos preguntemos si gran parte de la responsabilidad no se debe al acomodamiento y ausencia de hombres en el liderazgo.

Dios quiere levantar hombres para liderar la iglesia, que es la familia de Dios (1 Tim 3:15), así como él llama hombres a que asuman el liderazgo del hogar. Infelizmente, el pecado provocó una distorsión grotesca en las vidas y en las relaciones familiares y en la sociedad. Desde la caída y la entrada del pecado, los hombres han sido pasivos, defensivos y opresivos, protegiéndose a sí mismos en vez de liderar como siervos amorosos aquellos que les fueron confiados.

Una vez más, es apenas por el poder de la Palabra de Dios que los hombres que están en Cristo pueden revertir los resultados de la caída. La masculinidad bíblica envuelve ser un hombre "según el corazón de Dios": parecerse a Cristo, proteger como Cristo y presidir como Cristo.

---

[73] No tenemos espacio para entrar en la discusión sobre la posibilidad de la ordenación femenina, la función de la mujer y muchas otras cuestiones culturares y bíblicas relacionadas al papel de la mujer en la iglesia. Basta mencionar aquí el precedente bíblico para el liderazgo bíblico, para el liderazgo masculino fuerte y amplio. Vea algunos ejemplos: 1. *EL precedente bíblico del AT fue el liderazgo masculino de la comunidad de fe.* a) Adán, Enoc, Noé, Abraham, Isaac, Jacob, José, Moisés, Josué etc. b) Excepciones (en el período de los Jueces) fueron observadas como singulares y motivo de vergüenza de hombres omisos (Débora y Barac , Jue 4-5). c) El sacerdocio levítico fue reservado a los hombres. 2. *El ejemplo de Jesús y de los discípulos fue el del liderazgo espiritual masculino, aunque Jesús haya mostrado el gran valor de las mujeres en su ministerio* (v. el evangelio de Lucas, por ejemplo). 3. *El modelo de la iglesia local en Hechos es de liderazgo masculino* (Hch 6:1-4). 4. *Las epístolas enfatizan claramente el liderazgo masculino en la iglesia local:* 1 Timoteo 2:11-15 (cf. 1 Co 11:5); 1 Timoteo 3:1,2,4,5 (cf. Tit 1:6); 2 Timoteo 2:2; Tito 2:3-10.

La vida de Cristo en nosotros es una vida centrada en el servicio a los demás, a favor del reino de Dios. Vivimos para amar, proteger y servir en vez de ser servidos; dar en vez de recibir; liderar activamente aquellos que Dios confió a nuestro cuidado: esposa, hijos e iglesia.

PREGUNTAS PARA GRUPOS PEQUEÑOS

1. ¿Cuáles son las áreas en las que usted tiene que mejorar la administración de su casa? ¿En cuál de ellas usted siente que el caos (no el orden) prevalece?

2. ¿Usted está de acuerdo con estas afirmaciones.

    a. "si el hogar no está bien, normalmente la culpa es del marido/papá como líder de la familia."
    b. "si los hombres condujesen los negocios como dirigen la propia familia, irían a la quiebra!"

3. ¿por qué es tan difícil para el hombre ser el líder espiritual de la casa?

    a. Orar con la esposa.
    b. Entrenar a los hijos en la Palabra
    c. Ser un ejemplo de piedad y pureza.
    d. Tomar decisiones difíciles en al área de entretenimiento, con la finalidad de guardar el corazón y la mente de su familia (Sal 101).

4. ¿Cuáles son algunas de las formas prácticas por las que podemos ser menos egoístas y más atentos a las necesidades de las personas a nuestro alrededor, empezando con nuestra mujer y con nuestros hijos?

5. ¿Hasta qué punto usted es pasivo o distante como marido y papá? ¿Cómo puede ser un practicante más activo en su casa y saber lo que pasa con su familia (1 P 3:7)?

Oren los unos por los otros para que sean hombres responsables, diligentes, buenos administradores del núcleo familiar en todos los sentidos

12

QUE TENGA A SUS HIJOS
EN SUJECIÓN

Aún no habían cerrado las puertas del avión y yo ya sabía que ese sería un vuelo pesadilla. La familia que tomó cuatro filas delante mío, entró como un ciclón – papá, mamá y dos hijos totalmente fuera de control. Si fueran bebés lo entendería – nuestra familia ya tuvo sus "momentos" en viajes con niños de brazos, que parecen escoger los peores momentos para hacer de las suyas. Pero esos niños, de más o menos 4 y 6 años, tenían suficiente edad para hacer daños más grandes – y más serios.

Empezó con las exigencias... sodas, tortas, dulces, todo a los gritos. Después las patadas fuertes en las poltronas de adelante y, enseguida, el cuerpo lanzado en la propia poltrona al punto de sacudirnos en la fila de atrás. La mirada de angustia en nuestra cara, y en la de los otros pasajeros, no fue nada en comparación con el desespero de los papás que estaban a la merced de sus criaturas.

El punto máximo del caos sucedió cuando la mujer le pidió al marido que buscará leche en polvo en el equipaje de mano que había en el compartimiento arriba de las poltronas. Ese hombre, jadeante por los intentos inútiles de calmar los berrinches de los hijos, obedientemente se levantó para abrir la maleta. Infelizmente, en medio a tanta confusión, alguien no había cerrado la tapa de la leche en polvo. Una nevasca de leche en polvo blanco llenó el aire del avión y rápidamente se esparció, cayendo sobre los pasajeros. ¡Creo que aún tengo leche en polvo en el teclado de mi computador!

Si fuera un incidente aislado, aún así sería complicado. Pero, por lo que vi en las miradas entre marido y mujer, ese drama era la vida normal de ellos. Los padres eran verdaderos rehenes de los hijos.

Ya vimos que el hombre de Dios fue llamado para ser *líder*, con la tarea de presidir bien la propia familia, como responsable por todo lo que sucede en su casa (1 Tim 3:4; Tit 1:6). Pero ambos textos sobre la administración del hogar vuelcan la atención especialmente para la vida de los hijos, que también deben ser "presididos" o "gobernados". Todo papá es un pastor del pequeño rebaño que Dios le concedió. El papá tiene la responsabilidad dada por Dios de enseñar la obediencia, el respeto y la honra. El "papá-pastor" adquiere experiencia de vida, credibilidad y autoridad para cuidar también las personas de la familia más grande, la iglesia. Vamos a examinar algunos aspectos importantes de la responsabilidad que el padre de familia tiene ante Dios.

Hijos obedientes, en sujeción y respetuosos

El texto de 1 Timoteo 3:4 dice: *que gobierne bien su casa, que tenga a sus hijos en sujeción con toda honestidad.* *Sujeción*[74] se refiere a aquellos que se someten a una autoridad establecida. Los hijos del líder reconocen que él es la autoridad principal en su vida, por eso responden rápidamente a esa autoridad con obediencia bíblica. "Una indicación de su habilidad gerencial es la postura normal de sus hijos".[75]

---

[74] ἐν ὑποταγῃ

[75] Mounce, William. *Word Biblical Commentary 46*, p. 179.

La frase *con toda honestidad*[76] significa literalmente, "con reverencia o dignidad". El sustantivo *honestidad* puede ser traducido por "reverencia, dignidad, seriedad, respeto o santidad".[77]

Por lo menos hay dos opciones para el significado de la frase *con toda honestidad*:

1. Que los hijos tratan al papá con el respeto que merece.
2. Que el papá mantiene total dignidad en el proceso de educar los hijos.[78]

El contexto del versículo está a favor de la primera opción, que sugiere que la actitud de los hijos es el foco. A favor de la segunda está el hecho de que la palabra traducida por *honestidad* fue usada para describir al diácono (3:8), la esposa de este (3:11) y los hombres más viejos (Tit 2:2), quizás para indicar que es el papá quien debe gobernar la familia *con honestidad*. "Cuando los hijos están en la casa, deben ser controlados con honestidad."[79]

Creemos que la mejor opción es entender que los hijos imitan las buenas habilidades gerenciales del papá respetando la autoridad de él. En otras palabras, ese papá conquista el corazón de sus hijos (Pr 23:26), ganándolos y persuadiéndoles a vivir una vida de obediencia (sujeción) y respeto. Los hijos no se burlan del papá en particular, mucho menos en público. Antes lo honran, sujetándose a él, no son rebeldes.

La falta de obediencia y honra de los hijos a los papás es una de las características de los últimos tiempos (2 Tim 3:2). En Romanos 1:28-32, Pablo enumera una serie de pecados que caracterizan una *mente reprobada e incluye individuos soberbios, altivos, inventores de males, **desobedientes a los***

---

[76] μετὰ πάσης σεμνότητος

[77] *A Greek-English Lexicon of the New Testament and Other Early Christian Literature*, 3a ed. Chicago: The University of Chicago Press, 2001, p. 747.

[78] Mounce, William, *Word Biblical Commentary* 46, p.179.

[79] Kent, Jr., Homer A. *The Pastoral Epistles*, p. 129.

padres*, necios, desleales, sin afecto natural, implacables, sin misericordia,* entre otros. Añade que tales pecados son pasibles de muerte.

Hoy, encontramos hijos demandando a los papás, acusándolos de ser la causa de todo tipo de neurosis, psicosis, esquizofrenia y mucho más. Vemos hijos que matan los papás, y papás que matan los hijos; como resultado, son cada vez más constantes los pedidos para auxiliar una familia.

Pero el papá cuyos hijos lo respetan puede enfrentar cualquier enemigo sin ser avergonzado (Sal 127:5; Pr 27:11). El respeto es algo que se debe al papá y la mamá por la posición que ocupan en el plan divino, no necesariamente por merecimiento. Pedro exigía ese tipo de actitud delante de los gobernantes impíos y malos – no porque eran buenos, sino porque fueron colocados por DIOS en posición de autoridad (1 P 2:13-15).

Los hijos tienen que saber que, cuando se trata de responsabilidad de honrar a los padres, lo importante no es tanto su intención, sino su actuación. O sea, lo que importa no es si los hijos creen que están respetando los padres, sino si los padres se sienten respetados por los hijos.

Respeto X Falta de respeto

- Los hijos nunca deben alzar la voz cuando hablan con los padres, mucho menos golpearlos, morderlos, golpear las puertas ante ellos, abrir los ojos o discutir con los padres.
- Los hijos no deben enseñar a sus padres cómo deben ser padres. Hijos que actúan de esa manera se vuelven sabios a sus propios ojos (Pr 3:7). El gran autor Mark Twain una vez dijo: "Cuando yo era un joven de 18 años, pensé que mi papá era el bobo más grande del mundo. Cuando tenía 21 años, después de haber probado la vida, quedé impresionado con cuánto mi papá había aprendido en tres años."
- Los hijos no deben tratar a los papás como compañeros o "amigos". Llamar los papás por el primer nombre, exigir

derechos, ser ingrato, discutir son actitudes que normalmente deshonran a los padres.
- Una buena sugerencia es enseñar a los hijos a saludar y dar atención a la llegada de los papás y de las personas mayores (Lv 19:32). Hijos que no se manifiestan cuando el papá o la mamá llegan del trabajo, o que no desvían los ojos del TV ni del video-juego cuando las personas mayores llegan a la casa acaban faltando al respeto a sus progenitores.
- Los hijos siempre deben hablar con respeto en la presencia de los padres y nunca ridiculizarlos o burlarse de ellos (Pr 30:17).
- Hijos que buscan el consejo de los padres les prestan gran honra. Decisiones sobre colegio, carrera, noviazgo, compromiso y matrimonio deben contar con la sabiduría de aquellos que los conocen mejor. Aun cuando adultos, pueden consultar a los padres en situaciones difíciles, mostrándoles, de esa manera, gran honra.

Hijos que deshonran a los padres

Para entender la importancia del papel de los padres (y especialmente del papá) en la enseñanza sobre la obediencia, el respeto y la honra, basta notar que no menos de *nueve* textos resaltan la obligación de los hijos: Éxodo 20:12; Deuteronomio 5:16; Malaquías 1:6; Mateo 15:4, 19:19; Marcos 7:10, 10:19; Lucas 18:20; Efesios 6:2. Sin embargo, otros textos denuncian una triste realidad que vemos mucho actualmente: hijos que maldicen a los padres (Pr 30:11). Dios reserva algunas de sus advertencias más severas en su Palabra a hijos que le faltan al respeto a los propios padres. Esa cuestión es muy seria a los ojos de Dios:

- **Proverbios 20:20:** *Al que maldice a su padre o a su madre, Se le apagará su lámpara en oscuridad tenebrosa.*
- **Proverbios 30:17:** *El ojo que escarnece a su padre Y menosprecia la enseñanza de la madre, Los cuervos de la cañada lo saquen, Y lo devoren los hijos del águila.*

- **Levítico 20:9:** *Todo hombre que maldijere a su padre o a su madre, de cierto morirá; a su padre o a su madre maldijo; su sangre será sobre él.*
- **Deuteronomio 21:18-21:** *Si alguno tuviere un hijo contumaz y rebelde, que no obedeciere a la voz de su padre ni a la voz de su madre, y habiéndole castigado, no les obedeciere; entonces lo tomarán su padre y su madre, y lo sacarán ante los ancianos de su ciudad, y a la puerta del lugar donde viva; y dirán a los ancianos de la ciudad: Este nuestro hijo es contumaz y rebelde, no obedece a nuestra voz; es glotón y borracho. Entonces todos los hombres de su ciudad lo apedrearán, y morirá; así quitarás el mal de en medio de ti, y todo Israel oirá, y temerá.*

Hasta donde se sabe, ningún hijo de Israel jamás sufrió la pena de muerte por rebeldía. Algunos de los textos mencionados usan figuras de lenguaje para chocar a los lectores, para que entendamos la seriedad de la enseñanza del respeto y de la honra en casa. Infelizmente, en nuestros días, mucho se perdió de la perspectiva seria sobre la honra y el respeto. ¡Una que la necedad ya está en el corazón del niño desde que nace (Pr 22:15); quienes tienen que enseñar al hijo a obedecer, respetar y honrar a las autoridades en su vida son *los padres*!

Alcanzando el corazón de los hijos

Para tener hijos obedientes y respetuosos, el papá debe desarrollar total dependencia de la gracia de Dios, tener amor a Dios en el corazón, además de asumir el compromiso con su Palabra (Dt 6:4-9). Pues sabemos que el papá tiene la responsabilidad de alcanzar el corazón de los hijos – algo posible solamente por la gracia de Dios.

Para que eso sea posible, el papá debe buscar mantener el alto patrón de santidad exigido por Dios y mostrar al hijo que él, hijo, es incapaz de alcanzar ese patrón (así como el papá no es capaz de hacerlo) sin que Cristo sea la esperanza del hombre.

La Palabra de Dios destaca tres grandes responsabilidades de los padres que, no por casualidad, son las mismas responsabilidades que tienen los pastores y presbíteros en el cuidado del rebaño más grande llamado la familia de Dios. ¡La iglesia es una familia; por eso el desempeño del papá en casa lo cualifica para liderar el alma de las personas en una esfera más amplia, la iglesia!

Las principales responsabilidades de los papás (y pastores) en el cuidado del núcleo familiar y de la familia de Dios son:

1. INTERCESIÓN, O SEA, DEPENDENCIA

(Job 1:5; Hch 6:4)

Los papás nunca dejan de interceder por los hijos, aunque ellos ya estén fuera de casa y sean adultos o tengan su propia familia.

2. INSTRUCCIÓN, O SEA, DISCIPULADO

(Dt 6:4-9; Pr 22:6; Ef 6:4; 1 Tim 5:17)

El hijo necesita aprender el patrón bíblico de obediencia, que traza tres características:

a. Inmediata (Nm 13:30 – 14:12).

b. Integral (1 S 15:2,3,7-11; 17-24).

c. Interna (Mt 15:7-11; el v. 8 es una citación de Is 29:13).

3. INTERVENCIÓN, O SEA, DISCIPLINA

(Ef 6:4; Pr 19:18,19; 22:15; Mt 18:15-20)

La disciplina bíblica da "nervios espirituales" para que el hijo asocie el pecado al dolor y, así, busque a Dios por medio de Cristo.

MI HIJO, MI DISCÍPULO

Cuando observamos el texto paralelo de Tito, vemos la expresión y tenga hijos creyentes (Tit 1:6). *Creyentes*[80] también puede ser traducido como "fieles". La frase puede ser interpretada de varias maneras pero las dos opciones principales entienden que los hijos deben ser:

---

[80] πιστά (*pista*).

1. Creyentes en Cristo Jesús (algo que parece difícil o hasta imposible para que los padres controlen o garanticen, sino que demuestra la bendición del Señor sobre el ministerio del papá).
2. Hijos "fieles" (o sea, hijos que dan evidencia de ser discípulos, leales y comprometidos principalmente con Dios, a pesar de también serlo con sus papás, con la iglesia o con sus responsabilidades en la iglesia). Si la idea de "fieles" es adoptada, también hay dos posibilidades de significado:
   a) Que los hijos son convertidos y discípulos.
   b) Que los hijos, aunque no sean convertidos, se someten, son leales y se portan bien[81]

A la luz de las otras cualificaciones enumeradas para los hijos del líder, así como el hecho de que la familia es una miniatura de la iglesia, el objetivo de los padres no es solamente que el hijo un día "tome una decisión al lado de Cristo", sino que sea un "discípulo" fiel a Jesús (Mt 28:18-20). El argumento de liderazgo del menor al mayor usado en 1 Timoteo 3:5 (*pues el que no sabe gobernar su propia casa, ¿cómo cuidará de la iglesia de Dios?*) sugiere que el hombre cualificado para el liderazgo espiritual tiene hijos que son comprometidos con Dios.

El texto en Tito, a su vez, va más allá de las cualificaciones familiares enumeradas en 1 Timoteo 3. El objetivo de los papás no es condicionar el comportamiento de los hijos ni crear robots. Nuestro objetivo es que los hijos profesen fe y que sean activos en desarrollar esa fe. Al fin y al cabo, este es el objetivo del ministerio, tanto en el hogar como en la iglesia: que todos sean discípulos de Jesucristo (Mt 28:18-20).

Hijos sobrios

El texto de Tito define mejor aún el sentido del líder irreprensible al añadir: *el que* [...] *tenga hijos* [...] *que no son acusados de disolución o rebeldía* (Tit 1:6).

---

[81] MOUNCE, William. *Word Biblical Commentary 46*, p. 388.

Disolución[82] traduce un término que también aparece en Efesios 5:18 (embriaguez que lleva a la disolución) y 1 Pedro 4:4 (exceso de inmoralidad), así como la forma adverbial en Lucas 15:13,30 en referencia al hijo prodigo que *desperdició* [...] *consumió* su herencia. La desconsideración de otros y la falta de autodisciplina del hijo llevan a una vida incorregible y disoluta. En el caso de candidatos al liderazgo espiritual, los hijos (con edad suficiente para saber lo que están haciendo, pero aún bajo la autoridad del papá) no pueden manchar el testimonio del papá, que es un representante de Jesucristo y de la iglesia en la sociedad.

Rebeldía[83] se refiere a alguien que es indisciplinado, desobediente, insubordinado.[84] El término es repetido nuevamente en el mismo capítulo cuando se refiere a los *contumaces* (1:10), o sea, aquellos que pervierten casas enteras con falsas enseñanzas. Los hijos de Eli, Ofni y Finees, son fácilmente recordados como ejemplos de hijos disolutos y desobedientes, cuyo comportamiento descalificó al papá del liderazgo espiritual (1 S 2:12; 10:27).

Polémica

¿Cómo entender el gobierno de los hijos cuando estamos ante la cuestión de cualificar líderes espirituales de la iglesia (pastores, presbíteros, etc.)? ¿Quién decide si un hijo que pasa por una fase de rebeldía "descalifica" al papá como líder espiritual? ¿Y en el caso de que el hijo sea adulto o ya esté fuera de la casa? ¿Aún así puede descalificar al papá?

En cuestiones tan complicadas, parece importante resaltar el énfasis mayor del texto de 1 Timoteo, que es la pregunta: *pues el que no sabe gobernar su propia casa, ¿cómo cuidará de la iglesia de Dios?* El hombre que aspira al liderazgo espiritual necesita dar evidencias de haber

---

[82] ἀσωτίας (*asotias*).

[83] ἀνυπότακτα (*anupotakta*).

[84] *A Greek-English Lexicon of the New Testament and Other Early Christian Literature,* 3a ed. Chicago: The University of Chicago Press, 2001, p. 76.

pastoreado su pequeño rebaño, conduciendo los hijos a una fe verdadera, con fidelidad al Señor, disciplina y respeto, para así ser cualificado para una responsabilidad más grande, la iglesia. En la ausencia de autoridades apostólicas en nuestros días (¡excluyendo aquellos que se autodenominan "apóstoles"!), entendemos que esa decisión cabe al liderazgo local y a la congregación, que a lo largo de los años debe haber observado la vida del hombre y de su familia. La pregunta esencial a la luz de 1 Timoteo 3:5 es: ¿Ese hombre dio evidencia de haber pastoreado su pequeño rebaño para poder cuidar de la familia de Dios?

Para algunos quizás parezca "injusto" exigir tal influencia en la vida de los hijos como cualificación para el liderazgo espiritual en la iglesia. Pero nada en la Palabra dice que el "liderazgo espiritual" es un derecho de todos, mucho menos que alguien es "ciudadano de segunda categoría" en el reino de Dios si no desarrolla un papel de liderazgo en la iglesia. Sin juzgar, menospreciar o disminuir al hombre que tiene luchas con los hijos, podemos decir que Dios usa esa cualificación como "filtro" para mostrar su voluntad en cuanto a los hombres que Él llamó para el liderazgo de la iglesia local. ¡Todos tienen que reconocer que es "solamente por la gracia"!

Conclusión

El hombre de Dios tiene que ser el líder de su familia, tener la casa bajo control, llevando los hijos a la obediencia reverente y a la fidelidad a Cristo como discípulos verdaderos. Eso le ofrece experiencia, credibilidad y autoridad para poder ministrar a la iglesia de Cristo. Por el hecho que solamente Dios puede transformar el corazón, el hombre de Dios depende única y exclusivamente de la gracia divina para que sus hijos se conviertan a Cristo, por eso trabaja incansablemente, con la finalidad de mostrarles la naturaleza de su propio corazón y apuntar hacia Jesús, el ejemplo más grande.

PREGUNTAS PARA GRUPOS PEQUEÑOS

Al discutir estas cuestiones, tome cuidado para mantener siempre a la vista los principios que orientan el texto, especialmente la idea de tener alguien que gobierna bien el núcleo familiar para que esté apto para liderar el rebaño más grande.

1. ¿Dónde entra la responsabilidad individual del hijo? ¿Es "justo" que Dios requiera que un líder espiritual tenga hijos creyentes, algo que parece estar fuera de su control, sea por la soberanía divina, sea por la responsabilidad individual del hijo?

2. ¿Existe una edad en la que el hijo se vuelve "independiente", o sea, deja de estar sujeto a la autoridad del papá? ¿Existe alguna edad en la que el papá queda "libre" de tener hijos fieles? En caso afirmativo, ¿quién determina esa edad: la ley civil? ¿el deseo del hijo (cuando decide independizarse)? ¿La independencia financiera? ¿El matrimonio del hijo?

3. ¿Existe una edad mínima en la que el hijo tiene que dar evidencias de fe y fidelidad (discipulado)? (¿Por ejemplo, un hombre con un hijo de 5 años que aún no "tomó una decisión" al lado de Cristo puede ser un líder espiritual? ¿Y si el hijo tiene 13 años? ¿17 años?

4. ¿Qué impide que usted sea un líder más eficaz en su casa?

5. De las tres responsabilidades del papá en el pastoreado de los hijos (intercesión, instrucción e intervención), ¿en cuál área usted tiene más facilidad? ¿Cuál es la más difícil? ¿Cómo mejorar?

6. ¿Por qué muchos papás son tan irrespetados por sus propios hijos? ¿Cómo revertir ese cuadro?

Oren los unos por los otros en lo que se refiere a la gran responsabilidad de "gobernar bien" los hijos y la casa.

13

NO UN
NEÓFITO

Ya sucedió muchas veces, pero nunca deja de ser una tragedia. Una celebridad – un gran jugador, cantante o actor – se convierte. Inmediatamente su *status* y proyección hacen que algún pastor o líder evangélico lo exponga a la luz de los reflectores para dar su testimonio, ser portavoz de algún proyecto o simplemente ser exhibido como trofeo del esfuerzo evangelístico de alguien.

Infelizmente si alguien no interviene, aleja los *paparazzi* evangélicos y se dedica a discipular al astro recién convertido, normalmente es solo cuestión de tiempo para que él diga "verdades" teológicas cuestionables (las cuales los indoctos dirán amen). Algunos pueden crear un escándalo para el evangelio porque su vida no demuestra arrepentimiento y transformación verdadera. Aun algunos acaban alejándose de la fe y regresando a la antigua vida, creando un escándalo mayor para el evangelio.

Es común, en estos días en que la iglesia se volvió "negocio" y que ya existe el *franchaising* eclesiástico, encontramos personas descalificadas en posiciones de liderazgo. Existen organizaciones que venden diplomas de estudio teológico "por correspondencia", sin que al menos el candidato tenga que abrir la Biblia. Algunos centros religiosos (sería una vergüenza llamarlos "iglesias") *venden* cargos ministeriales y puntos de predicación bien localizados. Crean una jerarquía eclesiástica de acuerdo con el *desarrollo* del líder, principalmente en lo que se refiere a levantamiento de fondos. Es una deshonra ver personas descalificadas actuando sin la debida autorización y barateando el evangelio.

La próxima cualidad del carácter del hombre de Dios exige que él no sea *neófito* no es un defecto de carácter necesariamente. Ser un "recién convertido" no es pecado. Es algo circunstancial, pero que trae implicaciones en términos de la calificación del hombre para el liderazgo espiritual.

La experiencia espiritual como fruto de un buen carácter autentica la vida y el ministerio del hombre. "Tiempo de casa" y "experiencia de vida" ayudan a demostrar un carácter genuino, aprobado y que, en el transcurso del tiempo, ejemplifica consistentemente el carácter de Cristo. Las tempestades de la vid comprueban que él tiene raíces fuertes en la gracia de Dios y que su vida espiritual no es "aspavientos".

> ## Para compartir
>
> ¿Recuerda algunos ejemplos de personas *neófitas* (atletas, celebridades, políticos, etc.) que, enseguida de convertidas al cristianismo recibieron alguna posición de realce espiritual en la iglesia? ¿Cuál fue el resultado?

Definición

El término *neófito*[85] aparece solamente en 1 Timoteo 3:6 en el Nuevo Testamento, y es una palabra compuesta que trae la idea de "recién plantado". En este texto trae la

---

[85] νεόφυτος (neófito; "recién convertido", NVI) es una palabra compuesta de dos palabras νεό - (neo) "nuevo" y φυτος (fytos) "plantado", o sea "recién plantado".

idea figurativa de un "individuo que recientemente se volvió miembro de un grupo religioso, un 'recién convertido'".[86] El "obispo" (1 Tim 3:2), que tenía la supervisión espiritual de la iglesia local, tenía que ser un hombre con raíces bien arraigadas en el suelo de la fe cristiana, firme en las tempestades y en las pruebas de la vida.

Una frase similar describe al diácono como alguien "experimentado", o sea, probado por el tiempo y por las experiencias de la vida, y que, como resultado, demuestra ser irreprensible (3:10; Tito 1:6).

Otro texto aclarador, también de 1 Timoteo, dice: *No impongas con ligereza las manos a ninguno, ni participes en pecados ajenos. Consérvate puro* (1 Tim 5:22). El contexto habla del pecado de los presbíteros denunciados ante el testimonio de dos o tres testigos (5:19,20). La imposición de manos (v. 4:14) puede referirse al proceso de restauración pública de esos individuos para el liderazgo espiritual o, más probablemente, al reconocimiento y consagración de ellos para el ministerio, algo que debe ser hecho con mucho cuidado, para que la iglesia (representada en la imposición de las manos) no se vuelva participante de las posibles consecuencias indeseadas que un *neófito* puede ocasionarle a la iglesia.

El final del capítulo hace esa opción aún más favorable, resaltando la idea que el factor tiempo es mayor aliado en el proceso de escoger los líderes, pues el tiempo es capaz de revelar el verdadero carácter del candidato: *Los pecados de algunos hombres se hacen patentes antes que ellos vengan a juicio, mas a otros se les descubren después. Asimismo se hacen manifiestas las buenas obras; y las que son de otra manera, no pueden permanecer ocultas* (1 Tim 5:24,25).

> **Cualidad del carácter:** *No un neófito*
>
> **Textos:** 1 Timoteo 3:6; cf. 3:10; Tito 1:6

---

[86] Louw, J. P.; Nida, E. A. *Greek-English Lexicon of the New Testament: Based on Semantic Domains*. New York: United Bible Societies, 1996, c1989 (Electronic ed. of the 2nd edition).

El término fue traducido de formas diferentes en varias versiones en español:

- *No neófito* (RVR60; RVR 1995)
- *No debe ser un recién convertido* (NVI)
- *No un recién convertido* (LBLA)
- *No debe ser un nuevo creyente* (NTV)

¿Qué pasa con eso?

En este libro de estudios sobre las cualidades del carácter del hombre de Dios, dejamos claro que todas las cualidades enumeradas por Pablo en 1 Timoteo 3 y Tito 1 son aplicables a todos los hombres. Pero *No un neófito* parece que huye a esa regla. Al fin y al cabo, no es necesariamente culpa del hombre recién convertido si él se demoró para conocer el evangelio. ¿Cómo *no un neófito* puede ser considerado una cualidad del carácter?

Hay en esa calificación algunos principios inherentes que sirven a todos los hombres:

1. ¡Nuestro objetivo debe ser buscar la madurez espiritual! El "recién plantado" necesita profundizar raíces en el suelo de las Escrituras, crecer y fortalecerse.

2. Al mismo tiempo, el peligro del orgullo por el crecimiento precoz debe servir de advertencia a todos. La humildad siempre debe caracterizar a los que Dios ha llamado para liderar la casa, la iglesia y la comunidad.

3. Debemos recordar que la vida cristiana es una maratón y que el tiempo es un aliado. En términos de liderazgo espiritual, no hay necesidad de afán. "¡Quien come de afán come crudo!"

¿Cualificación absoluta o relativa?

> **Para reflexionar**
>
> ¿Hasta qué punto "neófito" es un término relativo, condicionado por las circunstancias y por el contexto de la iglesia local? Por ejemplo...
>
> - ¿En un campo misionero primitivo, alguien podría ser considerado apto para el liderazgo espiritual aunque tuviera dos años o menos de conversión?
> - ¿En una iglesia histórica, es posible que alguien sea "neófito" con diez o más años de experiencia cristiana?

Parece claro que *neófito* no se refiere a la edad del ministro, por el hecho de que el propio Timoteo era considerado relativamente "joven" cuando recibió esa carta (1 Tim 4:12), pero no por eso fue descalificado para cumplir un papel de liderazgo espiritual; al contrario, él y Tito fueron encargados por el apóstol Pablo para designar otros para tal tarea noble (1 Tim 5:22; Tit 1:5).

Mounce sugiere que *neófito* quizás sea una característica relativa, o sea, que depende "de la edad relativa de la iglesia local, su ritmo de crecimiento, y otros factores que variaban de lugar a lugar y de tiempos en tiempos".[87] No existe cualificación similar en la lista de Tito 1, carta dirigida a una iglesia en Creta (a lo que todo indica, una congregación más joven, y que quizás tendría que escoger líderes más jóvenes). La iglesia en Éfeso ya tenía por lo menos diez años cuando Pablo escribió a Timoteo y tendría candidatos al liderazgo más maduros.

Al mismo tiempo, reconocemos que el término "presbítero"[88] o "anciano" incluye la idea de experiencia de vida, madurez y tal vez edad. Louw y Nida sugieren que refleja alguien relativamente más viejo que la media de la edad

---

[87] MOUNCE, William. *Word Biblical Commentary 46*, p. 181.

[88] Πρεσβυτέρος.

del grupo, con carácter comprobado y que por eso posee credibilidad para liderar las actividades de la familia de Dios.

Tres razones son citadas en las epístolas pastorales para explicar por cuál motivo los neófitos o las personas "no probadas" no deben ser designadas para el liderazgo espiritual:

1. Para evitar el ORGULLO y subsecuente caída

[...] *no sea que envaneciéndose caiga en la condenación del diablo* (1 Tim 3:6). La palabra, traducida por *envaneciéndose*[89] es un poco de difícil interpretación, pues admite dos posibilidades de traducción:

1. Puede traer la idea de alguien "soberbio", "lleno de sí", o sea, que se cree más que los demás, debido a su rápida subida al liderazgo y supervisión espiritual. Los falsos maestros estaban dotados de esa misma característica (1 Tim 6:4; 2 Tim 3:4).
2. La otra posibilidad significa "quedar ciego, volverse necio"; en ese caso, la traducción quedaría: *no sea que* [quede ciego] *caiga en la condenación del diablo* (1 Tim 3:6).

Algunos relacionan las dos ideas, diciendo que el neófito quedaría ciego por causa del orgullo, que lo volvería necio e incapaz de juzgar su propio carácter correctamente. De acuerdo a lo que dice el texto, ese hombre corre riesgo de caer en la *condenación* "*del*" *diablo*. "Del" diablo puede significar que él es condenado por el diablo, o sea, incurre en la condenación que procede del diablo, que lo castiga por su orgullo. Pero parece mejor entender *condenación del diablo* como siendo el mismo tipo de caída que el diablo sufrió, o sea, así como el diablo fue condenado y castigado, el orgulloso también puede sufrir las mismas consecuencias. En este caso, el texto hace alusión al hecho de que el diablo había sido un ángel de luz y ministro de Dios, pero su orgullo lo precipitó en una trágica caída (Pr 16:18; Is 14).

---

[89] τυφωθεὶς (*tyfotheis*).

2. Para verificar la AUTENTICIDAD del carácter

Al describir los diáconos, Pablo dice que deben ser primeramente *sometidos a prueba primero, y entonces ejerzan el diaconado, si son irreprensibles* (1 Tim 3:10). El verbo traducido por prueba trae la idea de pasar por un test y pruebas que resulten en autenticidad. El adjetivo *irreprensibles* nos recuerda la primera característica del carácter en la lista de obispos/presbíteros (Tit 1:6; 1 Tim 3:2). Es necesario que pase tiempo suficiente después de la conversión de una persona para que su fruto pruebe ser genuino o no.

3. Para no volverse CÓMPLICE del pecado de un ministro no cualificado (1 Tim 5:22)

Si la "imposición precipitada de manos" significa un acto público de ordenación al ministerio espiritual, entonces la tercera razón por la cual los neófitos no se cualifican para el liderazgo está en el hecho de que Dios responsabiliza a la iglesia por escoger sus líderes. Ese proceso exige tiempo (v. 24,25) y una debida evaluación.

Conclusión

No existen "estrellas" en el cuerpo de Cristo. No hay necesidad de exponer celebridades recién convertidas bajo las luces en el intento de atraer más personas para el evangelio. Normalmente esas experiencias provocan más prejuicio que avance para el reino de Dios.

No es pecado ser recién convertido e inmaduro en la fe. Pero existe la necesidad de crecer espiritualmente con la finalidad de alcanzar madurez de carácter y poder desempeñar la función de liderazgo que Dios concedió al hombre en casa, en la iglesia y en la comunidad.

Dios no tiene afán para esculpir la imagen de su Hijo Jesús en la vida de un hombre. No debemos tener afán para designar personas que aun no tienen la experiencia necesaria para posiciones de liderazgo en la iglesia. ¡Todo a su tiempo! El líder espiritual debe ser alguien con suficiente experiencia de la vida de Cristo y que tenga un espíritu humilde y quebrantado; además de eso, haber probado sus raíces espirituales en el suelo de la fe, es algo indispensable para mantenerse estabilizado cuando vengan las tempestades de la vida.

PREGUNTAS PARA GRUPOS PEQUEÑOS

1. ¿Hasta qué punto usted ha sido solícito por su crecimiento espiritual? Vea Hebreos 5:11-14). ¿Cómo evalúa usted su madurez espiritual: precoz, media, normal o infantil?

2. ¿Cuáles son otros peligros, además de caer en la condenación de diablo, que pueden acompañar el escoger a un neófito para el liderazgo espiritual?

3. ¿Qué tipos de experiencia de vida debe tener un hombre para demostrar un carácter probado lo suficiente para asumir el liderazgo espiritual en la iglesia local?

4. ¿Hasta qué punto los términos "Presbítero" ("anciano") y no neófito deben influenciar la cuestión de la edad de ordenación de un joven al pastoreado o de un líder laico? ¿Hay otras consideraciones que justifican tal alternativa?

Oren los unos por los otros para que haya hambre por crecimiento y madurez espiritual, paciencia y humildad en el ejercicio de sus funciones de liderazgo.

14

BUEN TESTIMONIO
DE LOS DE AFUERA

Escándalos sexuales que envuelven personalidades evangélicas... pastores presos por transportar grandes sumas de dinero de manera ilegal para otros países... senadores y diputados "evangélicos" acusados de corrupción... líderes religiosos rivales que se acusan mutuamente en la televisión y en los medios sociales...

En los últimos años los periódicos han relatado casos de vergüenzas que avergüenzan el nombre de Cristo en la sociedad. Algunos empresarios se rehúsan a emplear los llamados "evangélicos" por causa de su mal testimonio. Algunas empresas se niegan a hacer negocios con instituciones cristianas porque temen que nunca paguen. Solamente Dios sabe el daño eterno causado por el mal testimonio de aquellos que se dicen sus hijos.

Pero el mal testimonio no es exclusivamente de personas que ocupan posición de realce, como políticos y pastores. Todo cristiano tiene la responsabilidad de exhalar el *buen olor de Cristo* (2 Co 2:14-16). Nadie puede agradar a todos todo el tiempo – como lo deja claro ese texto, según el cual el olor de Cristo es olor de muerte para los no creyentes. Pero, cuando nuestra reputación en la sociedad rechaza a las personas de Cristo y de su iglesia, tenemos que evaluar nuevamente lo que estamos haciendo y si de hecho estamos viviendo la vida de Cristo en la tierra.

El último aspecto en la lista de cualificaciones del líder en 1 Timoteo 3 requiere que él *tenga buen testimonio de los de afuera* (v. 7). Esa cláusula hace un cierre con el primer gran punto en la lista (*irreprensible*, v. 2), terminando el párrafo de la misma manera como empezó, con la declaración de necesidad y urgencia: ,(vea a continuación). El "relleno" entre las dos necesidades urgentes está en los versículos 2 a 6, que constituyen un único período sintáctico en el texto original, trazando el perfil del hombre de Dios en el liderazgo de la iglesia local.

Vea la estructura del texto, que nos recuerda lo que ya aprendimos: ¡una excelente obra exige excelentes obreros!

Pero es necesario que el obispo sea irreprensible (v. 2a)

- Marido de una sola mujer
- Sobrio
- Hospedador
- No dado al vino
- No pendenciero
- No avaro
- Que gobierne bien su casa
- Hijos en sujeción con toda honestidad

- Prudente
- Decoroso
- Apto para enseñar
- No pendenciero
- Apacible
- No un neófito

Es necesario que tenga buen testimonio de los de afuera (v. 7)

Cualidad del carácter: *tenga buen testimonio de los de afuera*

μαρτυρίαν καλὴν ἔχειν ἀπὸ τῶν ἔξωθεν

Texto: 1Timoteo 3.7

Vea cómo algunas versiones en español traducen la frase:
- *tenga buen testimonio de los de afuera* (RVR60)
- *una buena reputación entre los de afuera* (LBLA)

- *que hablen bien de él los que no pertenecen a la iglesia* (NVI)
- *la gente que no es de la iglesia debe hablar bien de él* (NTV)
- *debe ser respetado entre los no creyentes* (DHH)

Una vez más se destaca la importancia que el líder espiritual tiene como representante de la iglesia local. Él tiene *buen testimonio de los de afuera, para que no caiga en descrédito y en lazo del diablo* (1 Tim 3:7, RVR 1995).

Contexto

Además de la relación con la palabra *irreprensible* (v. 2) mencionada, existe una unión lógica con el versículo 6: *que no sea un neófito, no sea que envaneciéndose caiga en la condenación del diablo* (RVR 1995). El neófito todavía no tiene el carácter desarrollado y aprobado, por no haber tenido tiempo suficiente para echar raíces capaces de sostenerlo en las tempestades de la vida. Aún le falta profundizar las raíces de la fe en el suelo de la gracia. El "fruto" de su vida quizás no sea aun suficientemente maduro. Si es designado para ocupar precozmente una posición de responsabilidad espiritual, correrá el riesgo de manchar su testimonio (NVI: *reputación*), denegrir el nombre de Cristo y perjudicar el avance del evangelio en la comunidad. ¡Es perceptible que nuestro testimonio atrae – o rechaza – personas al evangelio y a la iglesia!

¡Una de las maneras de probar el carácter del hombre de Dios es verificar su reputación en la comunidad, no solo como él se comporta sentado en la iglesia a los domingos!

Note que tres versículos en la lista de cualificaciones mencionan un motivo que justifica su importancia:

Texto	Cualificación	Motivo
v. 4,5	Que gobierne bien su casa	pues el que no sabe gobernar su propia casa, ¿cómo cuidará de la iglesia de Dios?

v. 6	No un neófito	no sea que envaneciéndose caiga en la condenación del diablo
v. 7	tenga buen testimonio de los de afuera	para que no caiga en descrédito y en lazo del diablo

ANÁLISIS

1. La expresión es necesario, usada en el versículo 2, destaca la importancia del carácter del líder espiritual como representante de la iglesia y de Jesús en la comunidad (en contraste con los falsos maestros, cuyo carácter mancha la reputación de la iglesia). De acuerdo al versículo 15, las normas sobre la manera de escoger los líderes espirituales fueron dadas a Timoteo para que *sepas cómo debes conducirte en la casa de Dios*, que es la protectora de la verdad, el evangelio.[90]

2. *Tener buen testimonio o reputación* (NVI) destaca el papel del líder espiritual como ejemplo vivo de la trasformación que Cristo es capaz de producir en una persona. Su vida es como una tarjeta de presentación de la iglesia local y del poder de Jesús. A pesar que no tememos a los hombres (Pr 29:25), ni busquemos su favor (Gl 1_10), existe un sentido en que la opinión que los otros en la comunidad tienen de un líder espiritual refleja el carácter y la influencia de este en el testimonio de la iglesia local (Tit 1:13; 1 J 5:9; 3 J 12).

3. *Que tenga* está en el modo subjuntivo del verbo para enfatizar el deseo que el hombre dé un buen testimonio en su comunidad. Por no ser nuevo en la fe, él ya dio pruebas de un testimonio de carácter sólido a lo largo de la vida.

4. El público de testimonio son *los de afuera*. Esa preocupación evangelística y misionera para con los no creyentes se repite varias veces en las cartas de

---

[90] MOUNCE, William. *Word Biblical Commentary 46*, p. 183.

Pedro y Pablo (1 Co 10:32,33; Col 4:5; 1 Tes 4:12; 1 P 2:12,15).

5. El buen testimonio es para no caer en *descrédito o condenación*. El término traduce una palabra que quiere decir vergüenza o desgracia profunda. Aquí se aplica a un comportamiento que trae vergüenza al hombre y a la causa de Cristo. [91]

6. El peligro es que el presbítero caiga en *el lazo del diablo*. Note que las razones mencionadas en los versículos 6 y 7 son semejantes, pues ambas mencionan algún peligro asociado al diablo.[92] Resumiendo, el neófito corre el riesgo de ensoberbecerse, solamente para encontrar el mismo destino del diablo, siendo reprobado y avergonzado. El líder espiritual que no tiene una reputación digna en la comunidad corre el riesgo de ser enlazado por el diablo, avergonzando el nombre de Cristo y de su iglesia.

---

[91] ὀνειδισμον. El término en sí no es necesariamente negativo, pues también se refiere al sufrimiento por la causa de Cristo. Hebreos 11:26 habla del *vituperio* de Cristo con el cual el Cristiano se identifica. En Hebreos 13:13 los cristianos son llamados a ir en dirección a Jesús, *llevando la deshonra que él llevó* (NVI; RVR60 lo traduce *llevando su vituperio*). En Hebreos 10:33 el término está en el plural y es traducido por *insulto* (NVI) y *vituperios* (RVR60). El sustantivo plural también está en Romanos 15:3: *Los vituperios de los que te vituperaban, cayeron sobre mí* (RVR60; NVI: *insultos*). La forma verbal es usada para describir lo que Jesús soportó en la cruz (Mc 15:32; Mt 27:44) y también las injurias sufridas por los discípulos de Jesús (Mt 5:11; Lc 6:22; 1 P 4:14) (Mounce, William. *Word Biblical Commentary* 46, p. 183).

[92] *La condenación del diablo* (v. 6) parece significar "la misma condenación con la que el diablo fue condenado", al paso que el versículo 7 (*descrédito y lazo del diablo*) parece significar que el propio diablo enlaza al hombre, que cae en una trampa. Vea la utilización similar en 2 Timoteo 2:26: *y escapen del lazo del diablo, en que están cautivos a voluntad de él*; 1 Pedro 5:8: *Sed sobrios, y velad; porque vuestro adversario el diablo, como león rugiente, anda alrededor buscando a quien devorar*.

Conclusión

El hombre de Dios (líder espiritual) debe ser alguien cuya vida refleja la seriedad del carácter y del compromiso con Cristo, evitando, de esa manera, escándalos que manchen la imagen de Jesús y la reputación de la iglesia en la comunidad.

PREGUNTAS PARA GRUPOS PEQUEÑOS

1. ¿Hasta qué punto el buen testimonio de los de afuera significa que el hombre de Dios tiene que ser "perfecto"? ¿Qué se puede hacer si, de casualidad, él descubre que su conducta en el pasado ya manchó la reputación de la iglesia?

2. ¿Cuáles son las áreas de su vida en las que su testimonio fuera de la iglesia ha sufrido ataques?
   - ética en los negocios
   - vecindad
   - tráfico automotor
   - relación con la esposa
   - amistades
   - deportes
   - trabajo
   - finanzas

Oren los unos por los otros para que ustedes mantengan un buen testimonio delante de los no cristianos.

15

AMANTE
DE LO BUENO

Las estadísticas sobre la violencia nos muestran la realidad del mundo en el que vivimos, según Rodrigo Serrano-Berthet, experto en seguridad para América Latina del Banco Mundial:

> "América Latina y el Caribe concentran casi el 9% de la población mundial pero padece más del 30% de los homicidios. Siete de los diez países con las tasas más altas de homicidio en el mundo están en la región.
>
> El mapa varía mucho según el tipo de delito. El de homicidios es muy distinto al mapa de victimización. En el de homicidios, los países con más altas tasas por subregión son Honduras, El Salvador, Guatemala y México en Centroamérica; Venezuela, Colombia y Brasil en Sudamérica; y Belice y Jamaica en el Caribe. Pero si tomamos las tasas de victimización total (por cualquier tipo de crimen violento), vemos una pintura distinta, donde países como Ecuador, Perú, Bolivia, México, Uruguay y Argentina lideran el ránking. O sea, de una u otra manera, afecta a todos los países de la región. Por eso es la principal preocupación de los latinoamericanos.
>
> Y eso es a nivel nacional, pero en realidad el crimen se concentra desproporcionadamente en ciertas ciudades, barrios, y cuadras. En Honduras, por ejemplo, el 5 %

de las ciudades concentran el 65% de los homicidios. Dentro de las ciudades, la criminalidad se concentra masivamente en ciertos barrios o zonas calientes, y hasta en ciertas cuadras específicas. Estudios en Estados Unidos muestran que el 1% de las cuadras puede concentrar hasta el 50% de todos los delitos y el 5% de las cuadras concentrar hasta el 70% de los delitos. Lo mismo pasa en América Latina. Pero lo más preocupante es que las principales víctimas de homicidio son jóvenes, varones, y pobres que viven en comunidades marginadas. Brasil, por ejemplo, con más de 50,000 homicidios por año, concentra más del 30% de todos los homicidios de la región. De estos, más de la mitad son jóvenes, y de estos, casi el 80% son afro-brasileños. Una situación similar se da en los otros países de la región."[93]

"Según la ONU, una mujer es atacada cada 15 segundos en la ciudad más grande de **Brasil**, Sao Paulo. Y en **México**, se calcula que más de 120.000 mujeres son violadas cada año, o sea una cada cuatro minutos.

El mes pasado, una alerta de género fue emitida en 11 municipios en el estado de México entre la creciente evidencia de los peligros que las mujeres enfrentan allí.

Y según el Observatorio de Feminicidio de México, entre el 2011 y el 2012 se informó de la desaparición de 1.258 niñas y mujeres sólo en el estado de **México**.

Entre el 2011 y 2013, 840 mujeres fueron asesinadas, de estos crímenes, 145 fueron investigados como feminicidios."[94]

En términos económicos la violencia en sus diferentes matices también afecta a Latinoamérica y cada uno de sus habitantes y los más diversos aspectos económicos de cada país, afectando cadenas productivas, inversiones en

---

[93] http://www.bancomundial.org/es/news/feature/2014/02/11/en-america-latina-sufre-mas-del-30-de-los-homicidios-mundiales visto el 12/12/15.

[94] http://elcomercio.pe/mundo/latinoamerica/latinoamerica-puede-peor-mujeres-que-medio-oriente-noticia-1834004 visto el 12/12/15.

educación, seguridad, salud, habitación e infraestructura. "La corrupción cuesta a Latinoamérica 142 mil 920 millones de dólares anuales, o sea el tres por ciento de su Producto Regional Bruto, de acuerdo con un estimado del grupo *Global Financial Integrity* (GFI-Integridad Financiera Global)."[95]

¡Este es el mundo en el que vivimos! Sin hablar del aumento asustador del alcoholismo, narcotráfico, pornografía, pedofilia, prostitución, violencia contra mujeres, niños e indefensos y mucho más.

Esos hechos desencadenan un área de gran tensión en la vida del hombre de Dios, una tensión que la Biblia no ignora; al contrario, ya previó y sobre ella nos advirtió hace muchos años:

> *También debes saber esto: que en los postreros días vendrán tiempos peligrosos. Porque habrá hombres amadores de sí mismos, avaros, vanagloriosos, soberbios, blasfemos, desobedientes a los padres, ingratos, impíos, sin afecto natural, implacables, calumniadores, intemperantes, crueles,* **aborrecedores de lo bueno**, *traidores, impetuosos, infatuados, amadores de los deleites más que de Dios* (2 Tim 3:1-4, énfasis nuestro).

Observe la frase destacada en el texto arriba: *aborrecedores de lo bueno*. Vivimos en un mundo que odia lo que es santo, puro y realmente bueno. Sentimos la tensión de vivir en un mundo que *está bajo el maligno* (1 J 5:19); por eso, tenemos el desafío de no ser del mundo (Jn 17:14,15), y, sí, *irreprensibles y sencillos, hijos de Dios sin mancha en medio de una generación maligna y perversa, en medio de la cual resplandecéis como luminares en el mundo* (Flp 2:15).

Jesús nos dio una orden parecida: *Así alumbre vuestra luz* **delante de los hombres**, *para que vean vuestras buenas obras, y glorifiquen a vuestro Padre que está en los cielos* (Mt

---

[95] http://www.excelsior.com.mx/global/2015/08/09/1039178 visto el 12/12/15.

5:16, énfasis nuestro). Santiago añade: *La religión pura y sin mácula delante de Dios el Padre es esta:* [...] *guardarse sin mancha del mundo* (Stg 1:27).

En el mundo, pero no *del* mundo, *sin mancha en medio de* una generación maligna y perversa; así alumbre vuestra luz **delante de los hombres;** *guardarse sin mancha* **del mundo**... ¿Esto será posible? ¿Es posible ser puro y santo en un mundo en el que somos bombardeados diariamente por la perversidad? ¿Es posible ser integro en un mundo de corrupción? ¿Es posible ser puro en un mundo de seducción?

La cualidad del carácter *amante de lo bueno* (Tit 1:8) trata, eso parece, de un término muy amplio; en el contexto de las cartas de Pablo a los jóvenes pastores Tito y Timoteo, podemos entender un poco mejor su significado.

La expresión *amante de lo bueno* traduce una palabra compuesta en el original: *amante* (o "aquel que ama") y bueno.[96] En términos generales, describe a alguien que ama lo *que* es bueno o *quien* es bueno.[97] Describe un hombre profundamente bueno que ama portarse bien y hacer lo correcto; no se trata solamente de una inclinación en su vida, sino también de una devoción afectiva y generosa; él trabaja para realizar el bien y tiene placer en él.[98]

> **Cualidad del carácter:** *Amante de lo bueno*
>
> **Texto**: Tito 1:8

¿Cómo podemos ser hombres *amantes de lo bueno*? Una vez más, reconocemos que, en nosotros mismos, será imposible pues, sin Jesús, no podemos hacer nada (Jn 15:5). Él es el único realmente bueno en este mundo y que pasó la vida haciendo

---

[96] φιλάγαθον

[97] Louw, J. P.; Nida, E. A. *Greek-English Lexicon of the New Testament: Based on Semantic Domains.* New York: United Bible Societies, 1996, c1989 (Electronic ed. of the 2nd edition).

[98] SPICQ, C.; Ernest, J. D. *Theological lexicon of the New Testament.* Peabody, MA: Hendrickson Publishers, 1994. v. 3, p. 437-439.

el bien (Hch 10:38). Pero la vida de Él puede y debe ser manifiesta en nosotros cuando también hacemos el bien a todos, principalmente a los de la familia de la fe (Gal 6:9,10).

Dios ya preparó las "buenas obras" para que anduviésemos en ellas (Ef 2:10). La vida cristiana es como un paseo por un campo lleno de árboles cargados de frutos, maduros y suculentos, esperando ser agarrados. Dios ya preparó todo - ¡nos cabe a nosotros tomar parte de la cosecha!

El cristiano verdadero se distingue del mundo alrededor por su apego a la práctica del bien. Ese es uno de los realces del libro de Tito, en el cual encontramos la frase *amantes de lo bueno*. En el contexto de la corrupción y la depravación que era Creta (Tito 1:12), Pablo le ordena a Tito, (y a todos los hombres) Y *aprendan también los nuestros a ocuparse en buenas obras para los casos de necesidad, para que no sean sin fruto* (Tit 3:14).[99]

Veamos el significado de *amante de lo bueno* por dos aspectos: primero, el negativo, o sea, *enemigos de lo malo*. Segundo, el positivo, cómo ser *amantes de lo bueno*.

Enemigos de lo malo

En el sentido negativo, entendemos a la luz de las Epístolas Pastorales (1, 2 Timoteo, Tito) que debemos huir de las características de los *postreros días* descritas en 2 Timoteo 3:1-5, en que los hombres serán *aborrecedores de lo bueno* (término que es lo opuesto de *amante de lo bueno* en ese texto).[100] *Amadores de sí mismos, avaros, vanagloriosos, soberbios, blasfemos, desobedientes a los padres, ingratos, impíos, sin afecto natural, implacables, calumniadores, intemperantes, crueles, aborrecedores de lo bueno, traidores, impetuosos, infatuados* mucho más no debe nunca hacer parte de la vida del cristiano (Ef 5:7,8). Son todas características de los que son enemigos del bien.

---

[99] Entre otros textos en Tito que enfatizan el "bien", o sea, las buenas obras, se destacan: 1:1; 2:7,14; 3:1,5,8,14.

[100] ἀφιλάγαθοι

Por lo tanto, para que seamos *amantes de lo bueno*, tenemos que ser enemigos del mal. No es posible permanecer indecisos, pues eso trae implicaciones para toda la vida.

En la sociedad, debemos ser enemigos de la injusticia, de la corrupción, de la explotación, de la violencia, de la perversión y del crimen. En la iglesia, debemos posicionarnos contras las aberraciones doctrinarias (incluyendo las denominaciones), pero también contra las prácticas (por ejemplo, cuando disciplinamos conductas equivocadas). En el trabajo, huimos del mal y nos posicionamos a favor del bien en cuestiones de ética, moralidad y justicia.

No obstante, no sería exagerado decir que quizás la aplicación más difícil de este texto se refiera al ambiente doméstico. ¿Soy enemigo de lo malo en mi propio hogar?

Es interesante notar cómo David, rey de Israel, expresó ese deseo en uno de los salmos de su autoría. El Salmo 101 describe el deseo de un hombre amigo de Dios que era enemigo de lo malo *en su propia casa*.

Contexto del salmo

El salmo 101 refleja el deseo profundo del rey David en tener un corazón íntegro ante Dios y los hombres.[101] El inicio del Salmo (v. 1,2a) deja claro que solamente Dios es fuente de una vida íntegra (bondad y justicia). El salmista clama: *cuando vengas a mí*, que más que una oración por la vida del Emanuel (Dios con nosotros), consumada en la persona de Cristo Jesús (Jn 1:14). El apóstol Pablo hizo la misma declaración, al escribir:

> *!!Miserable de mí! ¿quién me librará de este cuerpo de muerte? Gracias doy a Dios, por Jesucristo Señor nuestro* [...]. *Ahora, pues, ninguna condenación hay para los que están en Cristo Jesús, los que no andan conforme a la carne, sino conforme al Espíritu.* (Ro 7:24 – 8:1).

---

[101] Quizás David haya dejado mucho que desear en el cumplimiento de sus votos reales, principalmente en lo que dice sobre el pecado de adulterio de Betsabé y a la falta de disciplina de sus hijos, narrados en libro de 2 Samuel.

¿Pero cómo se manifiesta tal integridad cristiana de manera práctica? El resto del salmo expresa esa motivación y dos esferas en las cuales la integridad de aquel que es *amante de lo bueno* se manifiesta: en la casa y en las relaciones.

1. El amante de lo bueno se revela en casa (Sal 101:2b-4)

El salmista expresa un profundo deseo de revelar la bondad y la justicia del rey divino en el contexto más íntimo de su vida: ¡En la casa! Él empieza en el hogar porque es justamente allí donde revelamos quienes realmente somos.

En la integridad de mi corazón andaré en medio de mi casa (2b);

Mis ojos pondré en los fieles de la tierra, para que estén conmigo (6a);

No habitará dentro de mi casa [techo, NVI] *el que hace fraude* (7a).

El reavivamiento verdadero, que es la vida de Cristo producida en nosotros por el Espíritu Santo, se manifiesta primeramente en la casa. Efesios 5:18 – 6:9 deja muy claro que: el hombre de Dios no es necesariamente aquel que predica con poder; que dirige una alabanza electrizante, que ayuna y ora por horas y distribuye folletos a todos los que encuentra. ¡El verdadero reavivamiento viene cuando el Espíritu de Dios usa la Palabra de Dios para dirigir al pueblo de Dios! Sucede cuando, de manera sobrenatural, él vierte las tendencias naturales de nuestro corazón y nos transforma de dentro hacia afuera. **¡El reavivamiento verdadero se manifiesta primero en su casa y en la mía!**

Hoy, más que nunca, Dios está llamando al hombre que tenga el valor de enfrentar la marea, e ir contra la multitud que tolera el mal dentro de la propia casa, que baja la guardia y le da vía libre al diablo. *¿Pero cómo ser un amante de lo bueno? ¿Cómo la vida de Jesús se revela en la casa?*

El salmista caracteriza el reavivamiento de la integridad en el hogar a partir de los ojos. Hay tres menciones en este salmo sobre la importancia de los ojos para que el hombre tenga una vida santa:

1. No pondré **delante de mis ojos** cosa injusta (v. 3a) [NVI: *Las acciones de la gente desleal las aborrezco*].
2. **Mis ojos** pondré en los fieles de la tierra, para que estén conmigo (6a);
3. El que habla mentiras no se afirmará **delante de mis ojos** (v. 7) [NVI: *en mi presencia*].

En el Sermón del Monte, Jesús resaltó la seriedad y la importancia de guardar nuestros ojos: *La lámpara del cuerpo es el ojo; así que, si tu ojo es bueno, todo tu cuerpo estará lleno de luz; pero si tu ojo es maligno, todo tu cuerpo estará en tinieblas. Así que, si la luz que en ti hay es tinieblas, ¿cuántas no serán las mismas tinieblas?* (Mt 6:22,23).

En el versículo 3 el texto literalmente dice: *no pondré cosa de Belial ante mis ojos*.[102] Belial era una palabra que describía todo lo que no servía, que no tenía valor y, peor, que causaba destrucción. Todo lo que minaba fundamentos, que corrompía y que se destruía por la inutilidad. [103]

El texto continúa diciendo: *detesto a los que actúan de manera deshonesta*, o sea, "no aguanto el comportamiento de los 'torcidos' o 'pervertidos'; *no tendré nada que ver con ellos*, quiere decir, no seré contaminado por ellos. La frase *no tendré nada que ver con ellos*, significa literalmente "no se pegará en mí", o "no permitiré que la mala influencia me alcance".

Es importante resaltar que las seducciones del mundo pueden pegársenos, cuando permitimos que pasen por nuestras defensas y lleguen a la mente. ¡Imágenes pornográficas, escenas de películas y fotos de revistas se graban en nuestro *disco duro* cerebral y difícilmente se borran! Como ya vimos, el secreto unánime de la Palabra de Dios es huir de la inmoralidad, de la perversión (1 Co 6:18; Pr 5:8 etc.).

El salmista parece haber instalado un filtro visual para no tener que contemplar el mal. De esa manera, evitaba

---

[102] Traducción del autor.

[103] Cf. Deuteronomio 13:13 / 15:9; Jueces 19:22 / 20:13; 1 Samuel 1:16 / 2:12; Proverbios 6:12; 2 Corintios 6:15.

todo lo que es inútil, o sea, perverso, corrompido, sensual o simplemente pérdida de tiempo. ¡De la misma manera, podemos tomar la decisión de evitar que la basura del mundo desfile en frente nuestro!

He aquí tres sugerencias para ser *amantes de lo bueno* en lo que se refiere al entretenimiento que entra en nuestra casa:

1. **Disciplinar** los programas de TV que vemos y cuánto tiempo les dedicamos.
2. **Apagar** el TV o los dispositivos móviles y electrónicos cuando algo escapa de nuestro control.
3. **¡Deshacerse** del televisor si no puede mantener control sobre él!

El salmista fue más allá. Dijo que no quería ni siquiera conocer el mal.

Rechazaré las ideas perversas [lit., torcidas] *y me mantendré alejado de toda clase de mal* [NVI: *No tendrá cabida en mi la maldad*] (v. 4). Él no quería *tener* un corazón perverso y, para eso, necesitaba *evitar a* los perversos. El libro de Proverbios nos aconseja de la misma manera: *No envidies al hombre injusto, Ni escojas ninguno de sus caminos. Porque Jehová abomina al perverso; Mas su comunión íntima es con los justos* (3:31,32). ¡Nos recuerda que Adán y Eva ante la primera tentación del universo... su curiosidad en conocer el mal nos llevó a todos para un hoyo llamado pecado!

2. El amante de lo bueno influye en la comunidad (v. 5-8)

El salmista revela una esfera más en la cual la integridad de Cristo se manifiesta. La integridad empieza con Cristo en nosotros, se extiende a nuestra casa y familia, pero influye en la comunidad, o sea, nuestras amistades y nuestras relaciones. Los versículos 5-8 hablan de las personas que él escogió como compañeros. Como líder y rey en Israel, David vivía lo que

Proverbios 13:20 dice: *El que anda con sabios, sabio será; Mas el que se junta con necios será quebrantado*[104] (cf. 14:7).

El salmista enumera cuatro tipos de personas que él intentaba evitar: *calumniadores* (v. 5); *altivos* (v. 5b); *engañadores* (v. 7a); *falsos* (v. 7b).

¡Nuestras amistades tienen la capacidad de perfeccionarnos – volviéndonos personas más amables, valientes, estudiosas, trabajadoras, espirituales etc., o sea, *amantes de lo bueno* – o de destruirnos – y sobre eso no faltan ejemplos en todas las épocas de los *enemigos de lo bueno*!

Amantes de lo bueno

Como todo en la vida cristiana, no es suficiente ser *contra* el mal. También debemos estar a favor del bien, de manera proactiva e intencional. El salmista deja eso claro en el versículo 6:

> *Pondré mis ojos en los fieles de la tierra, para que habiten conmigo; sólo estarán a mi servicio los de conducta intachable.*

Para ser *amante de lo bueno*, el salmista intentaba rodearse de personas "fieles" y "rectas". Es decir, mantenía un alto patrón ético y moral, y tenía como consejeros personas íntegras y de carácter recto. Sus negocios no eran contaminados por la suciedad de socios que hacen fraudes. Sus abogados eran hombres libres de cualquier sospecha. Sus consejeros eran humildes y fieles a Dios. De acuerdo al dicho: "Dime con quién andas, y te diré quién eres".

A su vez, Pablo, expresa la importancia positiva de buscar llenar la vida con lo que es bueno:

> *Por lo demás, hermanos, todo lo que es verdadero, todo lo honesto, todo lo justo, todo lo puro, todo lo amable, todo lo que es de buen nombre; si hay virtud*

---

[104] Vea 1 Corintios 15:33: *Las malas compañías corrompen las buenas costumbres* (NVI); Proverbios 29:12: *Si un gobernante atiende la palabra mentirosa, todos sus servidores serán impíos.*

alguna, si algo digno de alabanza, en esto pensad (Flp 4:8).

La transformación de nuestra mente viene por el "lavado cerebral" que nos permite experimentar la buena voluntad de Dios:

> *Así que, hermanos, os ruego por las misericordias de Dios, que presentéis vuestros cuerpos en sacrificio vivo, santo, agradable a Dios, que es vuestro culto racional. No os conforméis a este siglo, sino transformaos por medio de la renovación de vuestro entendimiento, para que comprobéis cuál sea la buena voluntad de Dios, agradable y perfecta* (Ro 12:1,2).

Como hombres y líderes, debemos tomar pasos intencionales para permear la vida y nuestra familia con lo que es bueno. Eso puede incluir: tiempo regular para la lectura de la Palabra de Dios en la casa; memorización de textos bíblicos; música saludable en la casa y en el carro; películas con valores bíblicos; conversaciones edificantes.

El salmo lanza un desafío a todos los hombres, pero especialmente a los líderes. Tenemos que establecer en nosotros mismos el ejemplo de integridad que es la vida de Cristo en nosotros, por la pureza en el entretenimiento y al escoger amistades y compañerismo. *La vida de Jesús en nosotros se manifiesta por la pureza en la casa y en las relaciones con otros.*

Conclusión

El hombre de Dios, por la gracia de Dios, es *amante de lo bueno* y enemigo de lo malo. Vive la santa tensión entre estar *en el* mundo sin ser *del* mundo. Huye de lo que es malo en la sociedad, en el trabajo, pero principalmente en la casa. Corre para el bien en lo que hace y en lo que piensa. ¡No podemos, ni debemos, salir del mundo, pero eso no quiere decir que necesitemos traer el mundo para dentro de la casa!

PREGUNTAS PARA GRUPOS PEQUEÑOS

1. ¿Hasta qué punto usted ha sido amante de lo bueno en el liderazgo de su casa?
1. ¿Cuáles de estas actividades usted ha buscado desarrollar para que su vida y su casa sean amantes de lo bueno?
   - Hora silenciosa/devocional con Dios
   - Culto doméstico familiar
   - Memorización de textos bíblicos
   - Música saludable en la casa y en el carro
   - Películas y programas con valores bíblicos
   - Conversaciones edificantes

Oren los unos por los otros para que sean amantes de lo bueno especialmente en el contexto del hogar, del entretenimiento y de las amistades.

16

JUSTO
Y SANTO

Nunca vi un hombre igual a él. Hasta hoy su vida, para mí, es el ejemplo de "hombre exitoso". Desde joven él buscaba al Señor. Se casó, también joven, después de un noviazgo y compromiso puros. Por venir de una familia que tenía muchos bienes (la hacienda del papá era una de las más grandes de la provincia), él nunca dejó que la prosperidad se le subiera a la cabeza. ¡Al contrario! Fue un trabajador de levantarse temprano y valorar todo lo que Dios le había dado.

Era generoso. Pagó cirugías que salvaron la visión de personas necesitadas. Patrocinó una clínica que suplía brazos y piernas protéticos a personas que había sufrido accidentes. Por medio de su iglesia, participó de programas que daban cobijas a personas sin techo y alimentos a los pobres. Actuó en la dirección de una misión que auxiliaba huérfanos. Ese hombre trabajaba como capellán voluntario y, en esa función, consoló a muchas personas en su lecho de muerte.

Después de un tiempo, fue elegido presbítero en su iglesia y no demoró para ganarse la reputación de un hombre sabio y equilibrado.

Dios lo bendijo con una gran familia, que era la alegría de su vida. La paz que cercaba su relación conyugal y a cada uno de sus hijos, yernos, nueras y nietos – muchos nietos – hacía que las personas visitaran su casa constantemente. Y siempre había churrasco a la espera.

Mientras eso, sus negocios solo aumentaban. Nunca fraudaba los impuestos. Nunca fue arrogante. Trataba a los empleados como si fueran sus iguales. Los agentes fiscales que buscaban soborno salían corriendo de su hacienda. Las mujeres intentaron seducirlo; encontraron las puertas cerradas y fueron dirigidas para conversar y ser aconsejadas por su esposa.

Él pagó un alto precio por su ética y con seguridad era odiado por los enemigos celosos. Pero nada era tan importante cuanto su carácter.

Un día ese carácter sufrió una dura prueba, cuando ese hombre recibió quizás los peores golpes que un mortal podría enfrentar. Una tempestad repentina destruyó la casa en la que sus hijos y sus respectivas familias estaban haciendo un churrasco, y todos murieron. Una demanda contra él terminó con una multa injusta que hizo que él perdiera la hacienda y el ganado. Después de eso, contrajo una enfermedad rara que hizo que su piel quedara cubierta de furúnculos. El dolor insoportable y la depresión ante la pérdida de sus hijos casi lo llevaron a la muerte. Aun así, él nunca perdió la confianza en el Señor. Aún sin entender, mantuvo su carácter, su integridad y su fe en Dios.

Usted debe haber reconocido esa historia como la contextualización del relato bíblico sobre el gran patriarca Job. Las Escrituras relatan la historia de su vida con la finalidad de demostrar la dignidad de Dios ante los ataques satánicos contra su carácter. Job es el protagonista de una historia en la que Satanás acusa a Dios de comprar la adoración que recibe de sus hijos. Pero, en ese proceso, la fidelidad de Job en alabar a Dios a pesar y *en medio*, de la tribulación trae gloria a Dios y vergüenza al enemigo.

Si yo pudiera escoger un epitafio que me gustaría que caracterizase mi vida, sería la descripción de Job al comienzo del libro con su nombre: *era este hombre perfecto y recto, temeroso de Dios y apartado del mal* (Job 1:1).

Por coincidencia, el hombre de Dios cuyas características aparecen en Tito 1 es descrito de la misma manera. Él es una persona *justa* y *santa* (Tit 1:8). Por el hecho de que esas dos cualidades están unidas entre sí y se sobreponen en algunos textos del Nuevo Testamento, las vamos a considerar en conjunto en este estudio.

> **Cualidad del carácter:** *Justo y santo*
>
> **Texto:** Tito 1:8

Algunas versiones en español traducen los términos de maneras diferentes:

- *justo y santo* (NVI)
- *vivir sabiamente y ser justo* (NTV)
- *de vida recta y piadoso* (BLPH)

La primera palabra, *justo*[105] tiene dos dimensiones, vertical y horizontal. En el sentido vertical, describe a la persona "justificada", o sea, declarada justa por Dios por los méritos de Jesús. Pero la justificación vertical siempre trae implicaciones horizontales, o sea, manifestaciones del carácter de Dios en el día a día en una vida justa y recta. La vida de Job con seguridad manifestaba esas características de rectitud y justicia horizontales. *¡Dios espera que nuestra posición como justo en Cristo se manifiesta de manera práctica en justicia y rectitud delante de los hombres!*

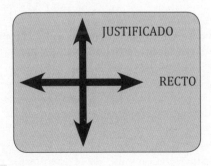

---

[105] δίκαιον

La segunda palabra hace parte de un conjunto de términos que se refieren a la santidad.[106] A pesar de no ser el término más común para "santo", la palabra hosios trae la idea de una vida pura y consagrada a Dios y, por eso, piadosa.[107]

Hosios fue usado tres veces para referirse a Jesús.[108] Dos veces el propio Dios como "santo" o "piadoso" en himnos del Apocalipsis (15:4, 16:5), y una vez, las promesas divinas son descritas como *santas y fieles* (Hch 13:33-34).

Solamente otro texto, además de Tito 1:8, aplica el término a los hombres: *Quiero, pues, que los hombres oren en todo lugar, levantando manos **santas**, sin ira ni contienda* (1 Tim 2:8).[109]

Podemos concluir que DIOS QUIERE QUE LA SANTIDAD DE ÉL SEA MANIFESTADA EN LA VIDA DE LOS HOMBRES SEGÚN SU CORAZÓN, QUE TIENEN VIDAS PURAS DEDICADAS A ÉL.

En tres textos, justo y santo aparecen juntos:

- 1 Tes 2;10 – *Vosotros sois testigos, y Dios también, de cuán SANTA, JUSTA e irreprensiblemente nos comportamos con vosotros los creyentes.* Ese texto es especialmente relevante para nuestro estudio, por el hecho de que Pablo describe las características de sus propios ministerios, que son claramente hechas eco en las listas

---

[106] ὅσιον

[107] La palabra aparece solamente ocho veces en el NT (Hch 2:27; 13:34,35; Tit 1:8; Heb 7:26; Ap 15:4; 16:5), una vez más como adverbio (1 Tes 2:10). Cinco son situaciones del AT, en el cual el término fue usado en la Septuaginta 79 veces. El término "justo" o connatos aparece al lado de otros "piadoso" en cuatro de los textos en el NT (1 Tes 2:10; Ap 15:4; 16:5 y Tit 1:8).

[108] Jesús es llamado el *Santo de Dios, cuyo Padre no permitió que el viera corrupción* (Hch 2:27; 13:35); *Porque tal sumo sacerdote nos convenía: santo, inocente, sin mancha, apartado de los pecadores, y hecho más sublime que los cielos* (Heb 7:26).

[109] Kittel, G.; Bromiley & Friedrich, G. (Ed.). *Theological Dictionary of the New Testament*. Grand Rapids, MI: Eerdmans, 1964. v. 5, p. 489-492.

de cualificaciones de los líderes de la iglesia en 1 Timoteo y Tito.

- Ap 15:4 – *¿Quién no te temerá, oh Señor, y glorificará tu nombre? pues sólo tú eres SANTO; por lo cual todas las naciones vendrán y te adorarán, porque TUS JUICIOS se han manifestado.* Ese himno de loor del cielo reconoce que Dios es el único Santo en el universo, y que también es alabado por la demostración de su justicia para con los hombres.

- Ap 16:5 – *Y oí al ángel de las aguas, que decía: JUSTO eres tú, oh Señor, el que eres y que eras, el SANTO, porque has juzgado estas cosas.* Una vez más la justicia de Dios es unida a su santidad. "Dios es justo y santo por el hecho de que Él vindica los creyentes perseguidos y ejerce juicio contra los malhechores. Él y solamente Él es digno de ser alabado por ser perfectamente sin mácula, manteniendo justicia y verdad sin interrupción, y trayendo salvación por sus actos." [110]

Resumiendo, podemos concluir que Dios quiere manifestar la vida santa y dedicada de Jesús en la vida de sus siervos. Dios los declara justos por los méritos de Jesús y ellos demuestran santidad en su proceder diario.

Pero, ¿cómo desarrollar el tipo de vida y ministerio que Dios espera? El Salmo 112 deja tips claros y describe la vida del hombre que teme a Dios. Vemos en ese texto "el legado del hombre de Dios" y encontramos informaciones esenciales para ser hombres "justos y santos".

Contexto

Los Salmos 111 y 112 forman un conjunto de dos salmos escritos en forma de poemas acrósticos, o sea, cada uno tiene 22 líneas en diez versículos; cada línea empieza

---

[110] Kittel, G.; Bromiley & Friedrich, G. (Ed.). *Theological Dictionary of the New Testament*. Grand Rapids, MI: Eerdmans, 1964. v. 5, p. 489-492.

con una letra del alfabeto hebreo.[111] Hay correspondencias fascinantes entre esos salmos que apuntan hacia la misma lección que encontramos en el conjunto de las cualidades del *justo* y *santo* de Tito 1:8.[112] Lo que se destaca es como la descripción del carácter de Dios, en el Salmo 111, se manifiesta en la vida práctica del hombre que teme a Dios, descrita en el Salmo 112. En otras palabras, "¡Quien teme a Dios se vuelve como Dios!" Es exactamente eso que vemos en el conjunto de cualidades del carácter – *justo* y *santo* – presentes en Tito 1:8.

Vea las relaciones entre los dos Salmos:

Salmo 111	Salmo 112
Poemas acrósticos (el abecedario) en el alfabeto hebreo	
"Aleluya" (*Alabado sea Yahweh*) – 23 veces en el libro de Salmos	
El temor de Jehová (111:5,10; 112:1) (Ambos Salmos de sabiduría)	
111:3 La justicia de Jehová permanece	112:3,9 La justicia del hombre que teme a Jehová permanece
111:4 Jehová es benigno y misericordioso	112:4 El hombre que teme a Jehová es benigno y misericordioso
111:7,8 Los mandamientos de Jehová son estables	112:7,8 El hombre que confía en Jehová es estable
Lección conjunta: ¡Quien teme a Jehová se vuelve como Jehová!	

[111] Podemos decir que el Salmo 112 corresponde al texto muy conocido sobre la mujer virtuosa, también un poema acróstico de 22 versículos (Pr 31:10-31), o sea, el abecedario del carácter del hombre (o mujer) de Dios, cuyas cualidades son reflejadas en la vida de ese hombre (cf. Pr 31:30: *La mujer que teme a Jehová, ésa será alabada*).

[112] Esa relación entre los salmos también es reflejada por el hecho de que once términos hebreos del Salmo 111 están repetidos en el Salmo 112.

El Salmo 112 describe los requisitos o características de quien teme a Dios (Jehová) y las consecuencias de eso en la vida real. Resumiendo, podemos decir que la vida de esa persona es justa y santa.

Los requisitos de quien teme a Dios

¡Hay tres inversiones eternas del hombre justo y santo: en el Padre, en la Palabra y en el pueblo de Dios! ¡Son inversiones que nadie puede quitarnos!

1. El hombre de Dios anda con Dios
(v. 1a; es decir, él tiene pasión por el Padre)

El salmo empieza diciendo *Bienaventurado el hombre que teme a Jehová*. Temer a Jehová significa practicar la presencia de Dios o andar con Él en todos los momentos de la vida (cf. Sal 111:10). La idea es de vivir en la presencia de Jehová y adquirir su perspectiva sobre todo lo que sucede; es tener la perspectiva de lo alto y vivir en comunión con el Padre, al punto de saber, por la intimidad, lo que él desea en cada situación. Ese hombre también confía en Jehová (v. 7). Suceda lo que suceda, ese hombre es *firme, confiado en Jehová* (v. 7).

2. El hombre de Dios ama la Palabra de Dios
(v. 1b; él también tiene pasión por la Palabra)

El texto dice: *Y en sus mandamientos se deleita en gran manera*. La palabra deleita significa tener placer, alegrarse, amar, complacerse. ¡Quien anda con Dios oye y obedece su Palabra! El hombre justo y santo, que anda con Dios, ama la Palabra de Dios. Es de esa manera que Dios nos guía por los laberintos de la vida. Juan 14:21 nos recuerda: *El que tiene mis mandamientos, y los guarda, ese es el que me ama* (cf. Sal 1:1,2; Jos 1:8; 1 P 2:2: Dt 6:4-9).

Podemos decir que el hombre de Dios, líder de la familia y de la iglesia, es un hombre de la Palabra y lidera su familia en la búsqueda por Dios. Es un practicante, no solamente oyente de la Palabra (Stg 1:22). Construye la propia vida y la vida de sus queridos sobre el fundamento de la Palabra.

3. El hombre de Dios bendice al pueblo de Dios
(v. 4,5,9; en otras palabras, tiene pasión por las personas, que también son eternas)

El hombre exitoso no busca ser servido, sino sirve y protege las personas a su alrededor. ¡Esa es la vida de Cristo en nosotros! El salmo describe ese hombre "focalizado en el otro" como alguien:

- Clemente, misericordioso y justo (v. 4b);
- Tiene misericordia, y presta; gobierna sus asuntos con juicio (v. 5);
- Reparte a los pobres (v. 9a).

Como hombres, nuestra tendencia es ser egoístas, viviendo para nosotros mismos. Pero el hombre de Dios justo y santo entrega la propia vida para servir y bendecir a otras personas, empezando por su esposa y sus hijos, pero incluyendo aquellos a su alrededor.

Los resultados de quien teme a Dios

El Salmo 112 destaca la bendición disfrutada por hombres justos y santos, que temen al Señor, andan con Dios, aman la Palabra de Dios y bendicen el pueblo de Dios. Si tuviéramos que resumir los seis resultados que acompañan esa vida, sería con la palabra "legado". ¡El hombre justo y santo deja un legado eterno!

1. **Hijos bendecidos:** *Su descendencia será poderosa en la tierra; La generación de los rectos será bendita* (v. 2)

¡No existe bendición más grande en esta vida que un legado de hijos fieles que también aman a Dios (3 J 4)! Vale la pena recordar que nuestro legado más grande son los hijos que enviamos para un mundo que quizás nosotros mismos no conoceremos. Es lo más precioso que vamos a dejar.

> No se preocupe tanto por el mundo que le vamos a dejar a nuestros hijos, sino por los hijos que le vamos a dejar a este mundo.

Los hijos del hombre que teme a Dios son influyentes, no influenciados. Son una bendición para todos los que los encuentran. Son el fruto delicioso de una larga vida vivida en la presencia del Señor, fruto de su gracia (Sal 127:3-5; 128; Pr 20:7).

2. **Prosperidad** (relativa y eterna): *Bienes y riqueza hay en su casa* (v. 3a)

Entendemos, a la luz de la enseñanza del Nuevo Testamento, que las bendiciones del cristiano son principalmente espirituales (Ef 1:3). Pero también notamos que la persona que sigue los principios de sabiduría de la Palabra de Dios normalmente tendrá una vida mucho más saludable y próspera que su vecino no creyente (parte del mensaje del libro de Proverbios trata de ese tema). La soberanía de Dios siempre permite excepciones (como, por ejemplo, los libros de Job y Eclesiastés), pero estas no anulan la regla.

3. **Un legado eterno** (v. 3b, 6b, 9b)

Ese parece que es el mensaje central del salmo, su "centro teológico". Vea cómo el salmo repite la idea de un legado para el hombre justo y santo:

- *Su justicia permanece para siempre* (v. 3b).
- *En memoria eterna será el justo* (v. 6b).
- *Su justicia permanece para siempre* (v. 9b).

La idea de un legado siempre fue fuerte motivación de vida. Una vez alguien notó que "los hombres construyen sus lápidas con granito, no cartón..." (cf. Sal 49:11-17). En las Escrituras, que el nombre sea preservado está entre las honras más grandes dedicadas a un hombre. Por eso, nuestro legado más grande es tener el *nombre* escrito en el libro de la vida (Heb 6:10; Mc 9:41; 1 Co 15:58). Por otra parte, morir en el anonimato en las Escrituras significa perder el nombre, ser olvidado para siempre.

4. **Dirección de vida:** *en las tinieblas luz a los rectos* (v. 4a)

Es decir, aún en circunstancias difíciles (*tinieblas*), ¡hay luz al final del túnel! ¡El hombre de Dios tiene la orientación de Dios!

5. **Estabilidad a pesar de las malas noticias** (v. 6-8; cf. 111:8; Pr 12:3; Is 26:3)

Dese cuenta que el hombre justo y santo no está ajeno a las malas noticias. De la misma manera que una persona de carácter estable mencionada en 1 Timoteo 3 y Tito 1, ese hombre es estable y equilibrado.

Varias frases destacan la idea de estabilidad en el salmo:
- *Por lo cual no resbalará jamás* (v. 6a)
- *No tendrá temor de malas noticias* (v. 7a) (¡Recibe malas noticias, pero estas no le trastornan; su corazón descansa en el Señor!)
- *Asegurado está su corazón* (v. 8a)
- *No temerá* (v. 8b)

6. **Honra:** *Su poder será exaltado en gloria* (v. 9c)

El versículo 9 muestra el último resultado de una vida justa y santa en el temor del Señor. Dice que *su poder* (lit., *cuerno*) *será exaltado en gloria*. La idea del *cuerno* es de un animal victorioso en una batalla, que mueve la cabeza y los cuernos sobre su enemigo vencido. En otras palabras, Dios trae victoria y bendición, incluso contra los enemigos, para ese hombre. La historia del justo Mardoqueo y su conflicto con el perverso Amán en el libro de Ester es una excelente ilustración de ese principio (vea Ester 9).

Podemos resumir la lección del Salmo 112 de la siguiente manera:[113]

> El temor del Señor (una vida justa y santa) produce un legado eterno.

---

[113] También vemos ese mensaje en algunos proverbios: *La memoria del justo será bendita; Mas el nombre de los impíos se pudrirá* (Pr 10:7). *En el temor de Jehová está la fuerte confianza; y esperanza tendrán sus hijos* (Pr 14:26).

Conclusión

¿Cuál será su legado? ¿Será que el epitafio de su vida podrá decir "aquí yace ____, hombre íntegro y recto, temeroso a Dios y que se desviaba del mal"? Para que eso sea posible, Dios quiere que seamos hombres justos y santos, que inviertan en la eternidad y que cosechen los frutos de eso aún aquí en este mundo.

PREGUNTAS PARA GRUPOS PEQUEÑOS

1. Si usted ya recibió la bendición de un legado de temor al Señor, comparta su experiencia. ¿Cuándo empezó el legado espiritual de su familia? Si no, cuente el sueño que tiene para sus descendientes.
2. De los tres requisitos para ser un hombre de Dios (andar con Dios, amar la Palabra de Dios, bendecir al pueblo de Dios), ¿Cuál de ellos presenta un desafío más grande en su vida?
3. De los seis resultados que generalmente acompañan la vida del hombre de Dios, ¿Cuál de ellos es más atrayente a usted y por qué?

Oren los unos por los otros para que tengan una vida justa y santa.

17

DISCIPLINADO

Siempre admiré atletas olímpicos. Pero poco imaginaba el sacrificio y, más allá de eso, la disciplina de vida necesaria para alguien volverse un campeón olímpico. Ser bendecido por Dios con talento, habilidad y oportunidad constituye solamente una parte de la fórmula necesaria para el éxito. La mayor parte envuelve capacidad de decir no a los hábitos y deseos perjudiciales para un *desarrollo* excepcional, y *sí* las horas y horas de entrenamiento exhaustivo.

César Cielo y Michael Phelps son dos grandes atletas, campeones que nacieron con mucho talento, pero conquistaron oro en las Olimpiadas con sudor y mucha disciplina. Cielo ganó oro y bronce en varias ediciones de las olimpiadas. Michael Phelps ha roto cualquier cantidad de récords y ha ganado muchas medallas. Sin embargo, pocos los han visto despertarse temprano y tener muchas horas de entrenamiento por día para conquistar medallas olímpicas y mundiales. Además de las rutinas de ejercicios pesados, también tuvieron rutinas en estudios y otros, pues esto también les era exigido ya que no es necesario solamente tener talento sino disciplina para soportar un ritmo intenso y solamente quien aguanta esto consigue volverse un profesional.

La penúltima cualidad del carácter del hombre de Dios que estudiaremos tiene que ver con la disciplina de vida. El término utilizado solamente aparece una vez como adjetivo en el Nuevo Testamento[114] y ha sido traducido de diferentes maneras:

- *Dueño de sí mismo* (RVR60);
- *Disciplinado* (NVI);
- *Disciplinados en todo* (TLA).

La raíz de la palabra parece estar compuesta por dos palabras que significan "en poder" o "bajo control". En por lo menos un texto, el verbo relacionado parece que tiene la connotación de autodisciplina en el área sexual (cf. 1 Co 7:9). En la lista de características de los hombres en los últimos días (1 Tim 3:1-5) encontramos el término opuesto, que es "intemperantes [sin dominio de sí]".[115]

> **Cualidad del carácter:** *dueño de sí mismo* [disciplinado]
>
> **Texto:** Tito 1:8

El término describe la vida de un hombre "bajo control", o sea, que sabe decir "sí" a las disciplinas esenciales para tener una vida piadosa, y "no" a los hábitos, costumbres e ídolos del corazón que lo desviarían de su objetivo de semejanza con Cristo.[116] Como verbo fue usado por Pablo cuando dijo:

> *Todo aquel que lucha, de todo se* **abstiene***; ellos, a la verdad, para recibir una corona corruptible, pero nosotros, una incorruptible. Así que, yo de esta manera*

---

[114] ἐγκρατῆ (*engrate*).

[115] ἀκρατής (*akratēs*, 2 Tim 3.3).

[116] "Una comprensión adecuada de la expresión 'ejercer autocontrol' talvez requiera una frase idiomática equivalente, por ejemplo, 'detenerse', 'mandar en sí mismo', 'ser su propio jefe', 'hacer su corazón obediente', 'controlar sus propios deseos', 'ser el maestro de aquello que quiere' o 'decir no a su cuerpo'." Louw, J. P.; Nida, E. A. *Greek-English Lexicon of the New Testament: Based on Semantic Domains*. New York: United Bible Societies, 1996, c1989 (Electronic ed. of the 2nd edition).

corro, no como a la ventura; de esta manera peleo, no
como quien golpea el aire, sino que golpeo mi cuerpo,
y lo pongo en servidumbre, no sea que habiendo sido
heraldo para otros, yo mismo venga a ser eliminado
(1 Co 9:25-27, énfasis nuestro). [117]

Solamente por Jesús

Antes de todo, tenemos que recordar que esa cualidad del carácter no se produce por el esfuerzo humano, sino en dependencia del Espíritu de Dios, que produce la vida de Cristo en nosotros. En el mundo griego, el "autocontrol" era muy estimado.[118] Pero el Nuevo Testamento deja claro que esa cualidad no viene del "auto" (de mí mismo), sino de lo "alto" – del Espíritu de Dios descrito en Gálatas 5:23 y presupone que la verdad de Gálatas 2:20 esté actuando en nosotros:

> Con Cristo estoy juntamente crucificado, y ya no vivo yo,
> mas vive Cristo en mí; y lo que ahora vivo en la carne, lo
> vivo en la fe del Hijo de Dios, el cual me amó y se entregó
> a sí mismo por mí.

El desafío de que seamos hombres "disciplinados" con "dominio propio" también representa un peligro: de intentar conquistar algo por esfuerzo propio, por medio de resoluciones y votos, bajo el yugo de la culpa. ¡Ese no es el camino! Destronar los ídolos del corazón que nos dominan y desarrollar hábitos de vida saludables envuelven la negación del yo a cada instante y dependencia única y exclusiva de la gracia

---

[117] El verbo fue usado por Pablo en 1 Corintios 7:9 en el contexto de deseo sexual: *pero si no tienen don de* **continencia**, *cásense, pues mejor es casarse que estarse quemando* (énfasis nuestro). El sustantivo ἐγκράτεια aparece en Hechos 24:25, texto en el que el apóstol Pablo está ante Félix y Drusila, su esposa: *Pero al disertar Pablo acerca de la justicia, del* **dominio propio** *y del juicio venidero;* y en 2 Pedro 1:6, como virtud en la secuencia *al conocimiento,* **dominio propio***; al* **dominio propio**, *paciencia; a la paciencia, piedad* (énfasis nuestro).

[118] Kittel, G.; Bromiley & Friedrich, G. (Ed.). *Theological Dictionary of the New Testament*. Grand Rapids, MI: Eerdmans, 1964. v. 5, p. 339-342.

de Jesús en nuestra vida; *porque separados de mí nada podéis hacer* (Jn 15:5).

Con ese entendimiento básico, examinaremos dos aspectos del carácter del hombre que, de la mima manera que el gran atleta olímpico y por la fuerza que Cristo da, consigue decir "no" a sí mismo y "sí" para Dios.

Decir "no" a sí mismo

Para ser un campeón en el deporte, es necesario tener la disciplina para decir "no" a sí mismo. Cesar Cielo decidió entrenar en la universidad de Auburn, en los EUA, pues la ciudad de Auburn es muy tranquila. De esa manera, podía dormir más temprano, evitar salidas nocturnas y hábitos que irían a perjudicar su entrenamiento.

El hombre de Dios tiene que decir "no" a sí mismo. Proverbios compara el hombre indisciplinado a una ciudad sin protección: *Como ciudad derribada y sin muro es el hombre cuyo espíritu no tiene rienda* (Pr 25:28).[119]

Jesús dijo: *Si alguno quiere venir en pos de mí, niéguese a sí mismo, y tome su cruz, y sígame* (Mt 16:24; cf. Mc 8:34; Lc 9:23). Como ya vimos, hasta Pablo necesitaba practicar la negación de sí mismo en el ejercicio de la disciplina espiritual: *sino que golpeo mi cuerpo, y lo pongo en servidumbre, no sea que habiendo sido heraldo para otros, yo mismo venga a ser eliminado* (1 Co 9:27).

El hombre que no sabe decir "no" a los propios deseos, pasiones e impulsos no puede ser un discípulo de Cristo. Y todos nosotros tenemos que depender de Dios para la fuerza necesaria con la finalidad de que no seamos modelados y conformados con los deseos de este mundo (1 J 2:15-17; Ro 12:1,2; 1 P 1:14,15). Si el corazón humano es en sí una "fábrica de ídolos", como dijo el reformador Juan Calvino, siempre habrá nuevos "dioses" deseando tomar el control de nuestra vida y que tendrán que ser destronados diariamente. Pablo advirtió también: *No os*

---

[119] Cf. 16:32; 17:27; 21:23; 25:28; 29:11.

embriaguéis con vino, en lo cual hay disolución [descontrol]; *antes bien sed llenos* [ser controlados por] *del Espíritu* (Ef 5:18).

Existen áreas de nuestra vida que, pecaminosas o no, impiden la continuidad de nuestra "carrera cristiana". El autor de Hebreos dice que debemos continuar hacia el objetivo en la maratón cristiana, *despojémonos de todo peso y del pecado que nos asedia, y corramos con paciencia la carrera que tenemos por delante* (Heb 12:1). Cualquier atleta de un deporte que exige velocidad, agilidad y perseverancia sabe que algunos gramos más de peso pueden ser altamente perjudiciales en su desempeño.

Un desafío

Piense en algunas áreas en las que nosotros, como hombres, permitimos que otros "pesos" nos estorben en la vida cristiana. Piense en aquello que ocupa un papel determinante, controlador en su vida, que lo desequilibra, que ocupa demasiada atención, que toma mucho tiempo o que le deja de mal humor. Recuerde que hábitos, *hobbies*, comida, bebida y formas de entretenimiento pueden ser inofensivos para una persona, pero, de otro lado, se pueden volver grandes dominadores en la vida de otra. Vea algunos ejemplos: televisión, fútbol, internet y medios sociales, video-juegos, chocolate, sodas, café, carne, alcohol, ejercicio, carros, tecnología, sexo, entretenimiento, música, ministerio cristiano, dinero, trabajo.

Si usted consigue identificar alguna área de la vida que amenaza ser un ídolo de su corazón y en la cual usted tiene dificultad de "negarse a sí mismo", quizás sea interesante declarar un período de ayuno hasta conseguir dominar – controlar – de nuevo esa área. No se trata de un ejercicio de privación que nos volverá más aceptables ante Dios, sino, un ejercicio de dominio propio en el que el Espíritu de Dios nos enseñará a tener disciplina con el objetivo de volvernos más semejantes a Cristo.

Decirle "sí" a Dios

Como cristianos, muchas veces somos más conocidos por los "no puede" que por los "puede" que representan nuestra libertad en Cristo. Somos especialistas en prohibir, pero no tan especialistas en facilitar y añadir.

El atleta que se niega a sí mismo; hace tal cosa visando un bien mayor. Pablo llama ese bien del mundo del deporte como *corona corruptible* (1 Co 9:25). Pero el dominio propio tiene su lado positivo – disciplinas y hábitos de vida que nos volverán más parecidos a Jesús -, ¡una corona incorruptible! Quizás por eso Pablo también haya dicho:

> *Ejercítate para la piedad; porque el ejercicio corporal para poco es provechoso, pero la piedad para todo aprovecha, pues tiene promesa de esta vida presente, y de la venidera* (1 Tim 4:7b,8; cf. Flp 3:12-14).

Por lo tanto, el dominio propio también incluye disciplinas saludables de la vida cristiana. Infelizmente, muchos han transformado algunos de los vehículos de comunión con Dios en yugos de esclavitud que nos hacen sentir cada vez más culpados y sobrecargados. En vez de eso, debemos ver las disciplinas como oportunidades de respirar cada vez más el aire puro de la gracia de Dios. Cada hombre debe descubrir cuáles de ellas lo ayudan más a andar con Dios, a depender de Dios, a tener comunión con Dios dentro de su propia realidad. Vea algunas de las disciplinas clásicas que hombres y mujeres a lo largo de los siglos han usado como carga leve y yugo suave de Jesús (Mt 11:28-30):

- Hora silenciosa
- Memorización
- Soledad/silencio
- Ayuno
- Confesión
- Celebración/adoración
- Comunión
- Estudio bíblico
- Meditación
- Retiro espiritual
- Oración
- Arrepentimiento
- Culto congregacional
- Simplicidad

- Servicio/humildad
- Perdón
- Año sabático
- Diario (personal espiritual)

El autor y pastor Gene Getz resume: "Como cristianos, jamás nos volveremos los hombres que Dios quiere que seamos sin desarrollar autodisciplina en nuestra vida cristiana"[120] Una vez más destacamos: la práctica de tales disciplinas espirituales fue hecha para el hombre, no el hombre para las disciplinas espirituales. Use algunas de ellas para estimular el amor y la alegría de la vida cristiana, pero no como maestros crueles que minan la vitalidad de su experiencia espiritual.

Conclusión

Pocos entre nosotros serán grandes campeones olímpicos como Cesar Cielo o Michael Phelps. Pero, por la gracia de Dios, podemos ser más que vencedores en Cristo Jesús. Por el Espíritu de Dios, podemos aprender cada día a negarnos a nosotros mismos y decir "sí" a Jesús como hombres disciplinados – con dominio propio – y cada vez más parecidos a Cristo:

> *Por tanto, nosotros también, teniendo en derredor nuestro tan grande nube de testigos, despojémonos de todo peso y del pecado que nos asedia, y corramos con paciencia la carrera que tenemos por delante, puestos los ojos en Jesús, el autor y consumador de la fe, el cual por el gozo puesto delante de él sufrió la cruz, menospreciando el oprobio, y se sentó a la diestra del trono de Dios* (Heb 12:1,2).

---

[120] Getz, Gene. *A medida de um homem espiritual.* São Paulo: Abba Press, 2002, p. 312.

PREGUNTAS PARA GRUPOS PEQUEÑOS

1. ¿Cuál es el peligro de hablar sobre **auto**control en la vida del cristiano? ¿Cuál es el problema con el *dominio* **propio**? ¿Cómo cambiar el foco de "yo" hacia "Cristo"?

2. ¿Existe alguna área de las citadas en este capítulo en la que usted necesita adquirir más disciplina para decir "no" a sí mismo? ¿Cuál(es)? Piense en la posibilidad de practicar el ayuno por tiempo un determinado en esa(s) área(s) hasta conseguir controlarla(s) de nuevo.

3. ¿Cómo ha encarado usted las llamadas "disciplinas de la vida cristiana"? ¿Cómo un yugo pesado? ¿Algo imposible de practicar? ¿O cómo aire puro que nos permite respirar la gracia de la comunión con Dios? ¿Cuáles disciplinas espirituales mencionadas usted ya práctica? ¿Cuáles harían bien a su vida y que usted decididamente quiere empezar?

Oren los unos por los otros para que tengan disposición, valor y dependencia del Espíritu necesarias para poder decir "no" a las áreas que tienden a controlar la vida del grupo, y "sí" a los hábitos de piedad que los volverán más parecidos a Cristo.

18

HOMBRE
DE PALABRA

Existe una verdadera industria creada alrededor de la falta de integridad y credibilidad en las palabras de las personas:
- Notarías existen para "autenticar firmas", autenticar documentos, garantizar contratos y confirmar promesas.
- Fiadores son exigidos para garantizar arriendos y pagos prometidos.
- Abogados son contratados para defender (o demandar) situaciones en las que acuerdos legales no fueron respetados u honrados.
- Registros, cédulas, certificados médicos, pagos por "adelantado", depósitos y mucho más existen para comprobar autenticidad o promesas de pago.

Sin embargo, para el cristiano, aunque él tenga que sujetarse a exigencias legales para comprobar su palabra, no debe haber la más mínima duda sobre el peso de su palabra.

> ¡El peso de su palabra revela la condición de su corazón!

La última cualidad del carácter del hombre de Dios trata de él ser un hombre de palabra, o sea, alguien cuya palabra tiene peso, es verdadera y no cuestionada. La frase traducida por *sin doblez* (RVR60) es, literalmente, "no de dos palabras".[121] Otras versiones traducen: *sinceros* (NVI); *de una sola palabra* (LBLA); *tener integridad* (NTV); *que nunca falten a su palabra* (DHH).

La palabra aparece solamente en el texto de 1 Timoteo 3:8 y es demasiado extraña fuera de ese contexto. Por eso existen dudas sobre su traducción exacta. Mounce afirma que la idea de "no ser de dos palabras" significa "no chismoso", o sea, alguien de confianza que repite dos veces lo que oye.[122] Ese hombre es fiel a la verdad en lo que habla.

"Hombre de palabra" es la segunda descripción de los diáconos, quizás por hecho de que normalmente los diáconos han sido asociados al servicio brazal de la iglesia (cf. Hch 6:1-7), o sea, a la visitación y al socorro de los miembros necesitados. ¡Queda fácil entender por qué el diácono, en particular, tendría que ser "hombre de palabra"! ¡La sobrevivencia de huérfanos y viudas dependía de eso!

Algunos interpretan la palabra aquí como una referencia a la hipocresía (en el mundo antiguo, el término para hipócrita se refería a un actor, que desarrollaba un papel en el palco diferente de su persona en la realidad). La persona de "dos palabras" o "dos lenguas" esconde sus pensamientos verdaderos por detrás de las palabras engañosas.[123] Dice una cosa para una persona algo diferente para la otra con la intención de engañar.[124] Tal persona se caracteriza por

---

[121] μὴ διλόγους

[122] Algunas palabras connatas raras, διλογία e διλογεῖν significan "repetición" y "repetir" (Mounce, William. *Word Biblical Commentary* 46, p.199).

[123] Louw, J. P.; Nida, E. A. *Greek-English Lexicon of the New Testament: Based on Semantic Domains*. New York: United Bible Societies, 1996, c1989 (Electronic ed. of the 2nd edition).

[124] Strong, J. (2001). *Enhanced Strong´s Lexicon*. Bellingham, WA: Logos Bible Software.

duplicidad, falsedad, hipocresía, zalamería, chisme, mentira, liviandad, obscenidad, promesas no cumplidas y votos revocados.

Las palabras del hombre de Dios tienen el peso de un carácter marcado por la integridad. Son confiables, dignas, sinceras, honestas, cuidadosamente medidas y cumplidas, cueste lo que cueste. Son palabras que Jesús diría.

> **Cualidad del carácter:** *Sin doblez*
>
> **Texto:** 1 Timoteo 3:8

En español encontramos las siguientes traducciones:
- *Sin doblez* (RVR60)
- *De una sola palabra* (LBLA)
- *Sinceros* (NVI)
- *Que nunca falten a su palabra* (DHH)

En una ocasión el autor y poeta William Shakespeare comentó: "Cuando las palabras son raras, no se gastan en vano". Otro erudito de origen desconocido dice: "Hombres sabios hablan porque tiene algo que decir; tontos, porque les gusta hablar algo". Un dicho filipino aconseja: "En boca cerrada no entra mosca". Los árabes ofrecen esta joya de sabiduría: "Tome cuidado que su lengua no corte su cuello". Con seguridad el mundo reconoce la importancia de las palabras. Pero la palabra de Dios tiene una perspectiva aún más profunda sobre las palabras del hombre de Dios.

Ventana al corazón

La Biblia deja claro que las palabras abren una ventana del corazón que habla:

> *Porque de dentro, del corazón de los hombres,*
> *salen los malos pensamientos, los adulterios, las*
> *fornicaciones, los homicidios, los hurtos, las avaricias,*
> *las maldades, el engaño, la lascivia, la envidia, la*
> *maledicencia, la soberbia, la insensatez. Todas estas*

maldades de dentro salen, y contaminan al hombre (Mc 7:21-23).

Infelizmente, como Santiago nos recuerda, somos personas de "palabra doble", algo incoherente y no natural, pero común entre los seres humanos:

> *Con ella bendecimos al Dios y Padre, y con ella maldecimos a los hombres, que están hechos a la semejanza de Dios. De una misma boca proceden bendición y maldición. Hermanos míos, esto no debe ser así. ¿Acaso alguna fuente echa por una misma abertura agua dulce y amarga? Hermanos míos, ¿puede acaso la higuera producir aceitunas, o la vid higos? Así también ninguna fuente puede dar agua salada y dulce* (Stg 3:9-12).

El hombre de Dios no solamente coloca filtro sobre la propia boca, sino que transforma la fuente de su corazón. Por nosotros mismos, eso es imposible, porque somos pecadores por naturaleza, y nuestra tendencia natural es de chismosear, murmurar, criticar, insultar, blasfemar. Pero fue por eso que Jesús vino a este mundo – para redimir al hombre, inclusive su lengua. Para hacer eso, es necesario que haya un trasplante – no de nuestra lengua, sino de nuestro corazón, pues la lengua solo habla de lo que el corazón está lleno. La muerte y la resurrección de Jesús tuvieron como objetivo trasformar el corazón de aquellos que depositan la confianza (fe) en Cristo y solamente en Él para la vida eterna. ¡Solamente Jesús, por su Espíritu, puede trasformar la fuente de las palabras!

Promesas y votos en el contexto histórico

La idea de ser "hombre de palabra" tiene una larga historia entre el pueblo de Dios. Por ejemplo, el noveno de los diez mandamientos dice: *No hablarás contra tu prójimo falso testimonio* (Ex 20:16; cf. Dt 5:20).

El código de santidad en Levítico añade: *No hurtaréis, y no engañaréis ni mentiréis el uno al otro. Y no juraréis falsamente por mi nombre, profanando así el nombre de tu Dios. Yo Jehová* (Lv 19:11,12).

En otras palabras, Dios lleva MUY en serio nuestras palabras. En términos de promesas y votos, vea lo que dice Moisés:

> *Cuando alguno hiciere voto a Jehová, o hiciere juramento ligando su alma con obligación, no quebrantará su palabra; hará conforme a todo lo que salió de su boca* (Nm 30:2).

> *Cuando haces voto a Jehová tu Dios, no tardes en pagarlo; porque ciertamente lo demandará Jehová tu Dios de ti, y sería pecado en ti. Mas cuando te abstengas de prometer, no habrá en ti pecado. Pero lo que hubiere salido de tus labios, lo guardarás y lo cumplirás, conforme lo prometiste a Jehová tu Dios, pagando la ofrenda voluntaria que prometiste con tu boca* (Dt 23:21-23).

El salmista está de acuerdo:

> *Jehová, ¿quién habitará en tu tabernáculo? ¿Quién morará en tu monte santo?*
>
> *[...] El que aun jurando en daño suyo, no por eso cambia* (Sal 15:1,4; cf. Sal 50:14; 2 Co 1:12-14, especialmente 1:23).

El autor de Eclesiastés es aún más contundente:

> *Cuando fueres a la casa de Dios, guarda tu pie; y acércate más para oír que para ofrecer el sacrificio de los necios; porque no saben que hacen mal. No te des prisa con tu boca, ni tu corazón se apresure a proferir palabra delante de Dios; porque Dios está en el cielo, y tú sobre la tierra; por tanto, sean pocas tus palabras. Porque de la mucha ocupación viene el sueño, y de la multitud de las palabras la voz del necio. Cuando a Dios haces promesa, no tardes en cumplirla;*

> *porque él no se complace en los insensatos. Cumple lo que prometes. Mejor es que no prometas, y no que prometas y no cumplas* (Ec 5:1-5).

El peso de las palabras de Jesús

En el Nuevo Testamento, tanto Jesús como los autores de los libros bíblicos hicieron eco a esa seriedad de palabras y promesas. Infelizmente, en aquellos días, una cultura de hacer un cambalache había sido creada para dar la apariencia de peso a las palabras, pero como escapes para evitar consecuencias. Esa duplicidad era repugnante delante de Dios. ¡Había una falsedad que permitía anular determinados votos sin correr el riesgo de la ira de Dios (ellos creían)!

> *!!Ay de vosotros, guías ciegos! que decís: Si alguno jura por el templo, no es nada; pero si alguno jura por el oro del templo, es deudor. !!Insensatos y ciegos! porque ¿cuál es mayor, el oro, o el templo que santifica al oro? También decís: Si alguno jura por el altar, no es nada; pero si alguno jura por la ofrenda que está sobre él, es deudor. !!Necios y ciegos! porque ¿cuál es mayor, la ofrenda, o el altar que santifica la ofrenda? Pues el que jura por el altar, jura por él, y por todo lo que está sobre él; y el que jura por el templo, jura por él, y por el que lo habita; y el que jura por el cielo, jura por el trono de Dios, y por aquel que está sentado en él* (Mt 23:16-22).

En una época en la que había pocos recursos (no había detector de mentiras, test de ADN, cámaras escondidas, impresión digital, autenticación de firma, etc.) para cerciorarse de la veracidad de las palabras, se creó una cultura de autenticación por medio de juramentos y testigos. Pero, como actualmente, también se desarrollaron esquemas sofisticados para burlar el sistema. ¡Las personas hacían una *exhibición* de compromiso sin la intención de cumplir con la palabra (como el niño que hace una promesa con los dedos cruzados en la espalda)!

Pero Jesús enseñaba que cualquier juramento (palabra empeñada) tiene a Dios como testigo (y por eso no era necesario que el cristiano hiciera votos; v. Mt 5:34-36). *¡El súbdito del rey Jesús no necesita de garantías externas de las palabras porque cumple todo lo que dice!* ¡Todo pertenece a Dios, es oído y controlado por Él! Por eso, el juramento para el hombre de Dios debe ser innecesario. Jesús dijo: *Pero sea vuestro hablar: Sí, sí; no, no; porque lo que es más de esto, de mal procede* (Mt 5:37). ¡Cualquier juramento tiene como efecto disminuir el peso de la simple y verdadera palabra y refleja al padre de la mentira, no al Rey de la verdad![125]

> *Mas yo os digo que de toda palabra ociosa que hablen los hombres, de ella darán cuenta en el día del juicio. Porque por tus palabras serás justificado, y por tus palabras serás condenado* (Mt 12:36,37).

¡La palabra del súbdito de Jesús debe tener el mismo peso que las palabras del Rey!

Conclusión

¡El seguidor de Jesús debe hablar toda la verdad, solamente la verdad y nada más que la verdad! Será imposible que domemos la lengua si Jesús no doma nuestro corazón. Dios está buscando hombres exitosos de verdad cuya lengua revele un corazón convertido. Hombres sinceros, cuyas palabras tengan peso, el mismo del Maestro Jesús.

> ¡El peso de su palabra revela la condición de su corazón!

---

[125] Vea las palabras de Santiago: *Pero sobre todo, hermanos míos, no juréis, ni por el cielo, ni por la tierra, ni por ningún otro juramento; sino que vuestro sí sea sí, y vuestro no sea no, para que no caigáis en condenación* (Stg 5:12).

PREGUNTAS PARA GRUPOS PEQUEÑOS

1. ¿Será que usted podría ser descrito por una de las siguientes palabras?

   Doblez. Falsedad. Hipocresía. Zalamería. Chisme. Mentira. Liviandad. Obscenidad. Promesas no cumplidas. Votos revocados.

2. Sus palabras tienen peso cuando usted...
   - ¿Promete orar por alguien?
   - ¿Promete: "te voy a llamar..."?
   - ¿Dice: "vamos a tomar un cafecito juntos"?
   - ¿Hace un voto de ayuda en el mantenimiento de un misionero?
   - ¿Toma una resolución delante de Dios (leer la Biblia completa, hacer culto en la casa, orar con la esposa, etc.)?
   - ¿Promete cumplir un pacto de membresia en la iglesia?
   - ¿Ora: Señor, si me libras de esa, haré tal cosa"?
   - ¿Hace una promesa a los hijos (Pr 13:22)?
   - ¿Advierte a los hijos de las consecuencias de sus actos?

Oren los unos por los otros para que Dios los trasforme en "hombres de palabra".

Conclusión

La película 127 horas relata la historia trágica que termina con el triunfo del alpinista Aron Ralston, que tuvo que amputar el propio brazo solo, cuando quedó preso debajo de una roca en el parque nacional del Grand Canyon en Utah, en los EUA. La aventura que sería de algunas horas se volvió una pesadilla de casi una semana debido al gran tamaño de la piedra que se desalojó en un lugar prácticamente inaccesible e invisible. La valentía, lucidez y hombría que Ralston demostró solamente fueron eclipsadas por la insensatez de haberse aislado en aquel lugar remoto sin avisar a nadie donde estaría. Sus gritos iniciales por socorro solamente hacían eco en el silencio del desierto lugar.

Al final, cuando vio que iba a morir, consiguió romper su antebrazo y cortar la parte que había quedado presa debajo de la piedra con un cuchillo, usando un tubo de agua y un mosquete para hacer un torniquete y estancar el flujo de sangre. Fue lo suficiente para que escapase de la grieta y, después de más aventuras encontrar su rescate.

Pero toda esa tragedia podría haber sido fácilmente superada si el alpinista aventurero tuviera un compañero de subida. O, quien sabe, si hubiera dado cuentas a alguien sobre su "plan de vuelo" para ese día. Hoy la película y el propio Aron Ralston dan esas recomendaciones a otros alpinistas.

Empezamos este manual de discipulado para hombres hablando de la importancia de la mutualidad y de la prestación de cuentas. Notamos cómo la naturaleza del hombre lo lleva, muchas veces, al aislamiento. Por eso, enfrentamos grandes peligros, de la misma manera que Aron Ralston. Acabamos dando un "tiro en los propios pies" (para no decir que sufrimos "amputaciones espirituales") cuando nos encontramos en situaciones difíciles, ante grandes tentaciones, corriendo riesgos innecesarios que amenazan aplastar nuestra vida espiritual y nuestro carácter irreprensible.

El desafío de ser "hombres exitosos de verdad", parecidos a Cristo Jesús, fue lanzado en las listas de cualidades del carácter en 1 Timoteo 3 y Tito 1. Es obvio que, sin Jesús viviendo su vida en nosotros y por medio de nosotros, nada de eso será posible (Jn 15:5; Gl 2:20). Pero Jesús quiere vivir su vida en hombres que humildemente se sujeten a su dirección, por el poder del Espíritu y por la meditación y obediencia a la Palabra.

El desarrollo del carácter estable, equilibrado, piadoso, justo e irreprensible del hombre de Dios no sucede en el vacío, aislado de la influencia de otros hombres cristianos que se aguzan mutuamente como el hierro (cf. Pr 27:17). Tampoco es el resultado instantáneo de una fórmula mágica, una profecía, una experiencia mística o una "declaración de fe". Exige la renovación de la mente, la obediencia sincera y de propósito, decisiones constantes de seguir el camino de la cruz, de negarse a sí mismo y de seguir a Jesús.

Aquellos que, por la gracia de Dios, tienen el carácter esculpido por el Espíritu y por la Palabra, manifestado primero en su propia casa, pero también en el servicio al prójimo, en la comunidad y en la iglesia, están calificados para el liderazgo espiritual de la familia de Dios. No se trata de hombres perfectos, sino perfectamente perdonados por la gracia de Dios, con todas las cuentas al día.

Qué Dios nos dé siempre más "hombres exitosos de verdad" que se parezcan a Jesús.

Apéndice A
Las cualidades del hombre de Dios/líder espiritual[126]

Observación: La siguiente lista intenta enumerar todas las cualidades de un líder espiritual (presbítero o diácono) que Pablo establece en 1 Timoteo 3 y Tito 1. Otras características mencionadas en otros textos no hacen parte de esta propuesta. Por eso, la tabla no intenta ser exhaustiva. Cuando palabras en listas diferentes parecer ser sinónimas, son mencionadas paralelamente. Los términos griegos son indicados de acuerdo a como aparecen en el NT, no en su forma lexical. Después de cada término, colocamos la traducción de algunas versiones de la Biblia.

---

[126] Tabla similar se encuentra en Mounce, William. *Word Biblical Commentary* 46: Pastoral Epistles. Nashville: Thomas Nelson, 2000, p. 156-158.

Obispado (Obispo) ἐπισκοπῆς (1 Tim 3:1-7)	Diácono Διακόνους (1 Tim 3:8-13)	Presbítero πρεσβυτέρους Obispo ἐπίσκοπον (Tit 1:5-9)
1. ἀνεπίλημπτον RVR60: irrepresible NVI: intachable LBLA: irreprochable NTV: que lleve una vida intachable DHH: irreprensible	ἀνέγκλητοι RVR60: irreprensibles NVI: si no hay nada que reprocharles LBLA: irreprensibles NTV: si pasan el examen DHH: si no hay nada contra ellos	ἀνέγκλητος **(2x)** RVR60: irreprensible NVI: intachable LBLA: irreprensible NTV: intachable DHH: debe llevar una vida irreprochable
2. μιᾶς γυναικὸς ἄνδρα RVR60: marido de una sola mujer NVI: esposo de una sola mujer LBLA: marido de una sola mujer NTV: debe serle fiel a su esposa DHH: esposo de una sola mujer	μιᾶς γυναικὸς ἄνδρες RVR60: maridos de una sola mujer NVI: esposo de una sola mujer LBLA: maridos de una sola mujer NTV: debe serle fiel a su esposa DHH: esposo de una sola mujer	μιᾶς γυναικὸς ἀνήρ RVR60: marido de una sola mujer NVI: esposo de una sola mujer LBLA: marido de una sola mujer NTV: tiene que serle fiel a su esposa DHH: debe ser esposo de una sola mujer
3. νηφάλιον RVR60: sobrio NVI: moderado LBLA: sobrio NTV: debe tener control propio DHH: llevar una vida seria		
4. σώφρονα RVR60: prudente NVI: sensato LBLA: prudente NTV: vivir sabiamente DHH: juiciosa		σώφρονα RVR60: sobrio NVI: sensato LBLA: prudente NTV: debe vivir sabiamente y ser justo DHH: de buen juicio
5. κόσμιον RVR60: decoroso NVI: respetable LBLA: de conducta decorosa NTV: tener buena reputación DHH: respetable	σεμνούς RVR60: honestos NVI: honorables LBLA: dignos NTV: dignos de mucho respeto DHH: respetables	

Apéndice A: Las cualidades del hombre de Dios/líder espiritual

6. φιλόξενον RVR60: hospedador NVI: hospitalario LBLA: hospitalario NTV: con agrado debe recibir visitas y huéspedes en su casa DHH: debe estar siempre dispuesto a hospedar en su casa		φιλόξενον RVR60: hospedador NVI: hospitalario LBLA: hospitalario NTV: debe recibir huéspedes en su casa con agrado DHH: siempre debe estar dispuesto a hospedar gente en su casa
7. διδακτικόν RVR60: apto para enseñar NVI: capaz de enseñar LBLA: apto para enseñar NTV: debe tener la capacidad de enseñar DHH: debe ser apto para enseñar	ἔχοντας τὸ μυστήριον τῆς πίστεως καθαρᾷ συνειδήσει RVR60: que guarden el misterio de la fe con limpia conciencia NVI: deben guardar, con una conciencia limpia, las grandes verdades de la fe LBLA: guardando el misterio de la fe con limpia conciencia NTV: tienen que estar comprometidos con el misterio de la fe que ahora ha sido revelado y vivir con la conciencia limpia DHH: deben apegarse a la verdad revelada en la cual creemos, y vivir con conciencia limpia	ἀντεχόμενον τοῦ κατὰ τὴν διδαχὴν πιστοῦλόγου ἵνα δυνατὸς ᾖ καὶ παρακαλεῖν ἐν τῇ διδασκαλίᾳ τῇ ὑγιαινούσῃ καὶ τοὺς ἀντιλέγοντας ἐλέγχειν RVR60: retenedor de la palabra fiel tan como ha sido enseñada, para que también pueda exhortar con sana enseñanza y convencer a los que contradicen NVI: debe apegarse a la palabra fiel, según la enseñanza que recibió, de manera que también pueda exhortar a otros con la sana doctrina y refutar a los que se opongan LBLA: reteniendo la palabra fiel que es conforme a la enseñanza, para que sea capaz también de exhortar con sana doctrina y refutar a los que contradicen NTV: debe tener una fuerte creencia en el mensaje fiel que se le enseñó; entonces podrá animar a otros con la sana enseñanza y demostrar a los que se oponen en qué están equivocados DHH: debe apegarse al verdadero mensaje que se le enseñó, para que también pueda animar a otros con la sana enseñanza y convencer a los que contradicen

8. μὴ πάροινον RVR60: no dado al vino NVI: no debe ser borracho LBLA: no dado a la bebida NTV: no debe emborracharse DHH: no debe ser borracho	μὴ οἴνῳ πολλῷ προσέχοντας RVR60: no dados a mucho vino NVI: no amigos del mucho vino LBLA: no dados al mucho vino NTV: no deben emborracharse DHH: ni sean dados a emborracharse	μὴ πάροινον RVR60: no dado al vino NVI: ni borracho LBLA: no dado a la bebida NTV: ni emborracharse DHH: no debe ser borracho
9. μὴ πλήκτην RVR60: no pendenciero NVI: ni pendenciero LBLA: no pendenciero NTV: ni ser violento DHH: ni amigo de peleas		μὴ πλήκτην RVR60: no pendenciero NVI: ni iracundo LBLA: no iracundo NTV: ni iracundo DHH: ni de mal genio
10. ἐπιεικῆ RVR60: amable NVI: amable LBLA: amable NTV: debe ser amable DHH: sino bondadoso		μὴ αὐθάδη RVR60: no soberbio NVI: no arrogante LBLA: no obstinado NTV: no debe ser arrogante DHH: no debe ser terco
11. ἄμαχον RVR60: apacible NVI: apacible LBLA: no contencioso NTV: no debe buscar pleitos DHH: pacífico		μὴ ὀργίλον RVR60: no iracundo NVI: ni violento LBLA: no pendenciero NTV: ni ser violento DHH: ni amigo de pelas
12. ἀφιλάργυρον RVR60: no avaro NVI: ni amigo del dinero LBLA: no avaricioso NTV: ni amar el dinero DHH: desinteresado en cuanto al dinero	μὴ αἰσχροκερδεῖς RVR60: no codiciosos de ganancias deshonestas NVI: ni codiciosos de las ganancias mal habidas LBLA: ni amantes de ganancias deshonestas NTV: ni ser deshonestos con el dinero DHH: ni desear ganancias mal habidas	μὴ αἰσχροκερδη RVR60: no codicioso de ganancias deshonestas NVI: ni codicioso de ganancias mal habidas LBLA: no amante de ganancias deshonestas NTV: ni deshonesto con el dinero DHH: ni desear ganancias mal habidas

13. τοῦ ἰδίου οἴκου καλῶς προϊστάμενον RVR60: que gobierne bien su casa NVI: debe gobernar bien su casa LBLA: que gobierne bien su casa NTV: debe dirigir bien a su propia familia DHH: debe saber gobernar bien su propia casa	προϊστάμενοι καὶ τῶν ἰδίων οἴκων RVR60: que gobiernen [...] sus casas NVI: gobernar bien [...] su propia casa LBLA: que gobiernen [...] sus propias casas NTV: dirigir bien [...] a los demás de su casa DHH: saber	
14. τέκνα ἔχοντα ἐν ὑποταγῇ μετὰ πάσης σεμνότητος RVR60: que tenga a sus hijos en sujeción con toda honestidad NVI: hacer que sus hijos le obedezcan con el debido respeto LBLA: teniendo a sus hijos sujetos con toda dignidad NTV: que sus hijos lo respeten y lo obedezcan DHH: hacer que sus hijos sean obedientes y de conducta digna	τέκνων καλῶς προϊστάμενοι RVR60: que gobiernen bien sus hijos NVI: gobernar bien a sus hijos LBLA: que gobiernen bien sus hijos NTV: dirigir bien a sus hijos DHH: saber gobernar bien a sus hijos	τέκνα ἔχων πιστα μὴ ἐν κατηγορίᾳ ἀσωτίας ἢ ἀνυπότακτα RVR60: tenga hijos creyentes que no estén acusados de disolución ni de rebeldía NVI: sus hijos deben ser creyentes, libres de sospecha de libertinaje o de desobediencia LBLA: que tenga hijos creyentes, no acusados de disolución ni de rebeldía NTV: sus hijos deben ser creyentes que no tengan una reputación de ser desenfrenados ni rebeldes DHH: sus hijos deben ser creyentes y no estar acusados de mala conducta o ser rebeldes
15. μὴ νεόφυτον, ἵνα μὴ τυφωθεὶς εἰς κρίμα ἐμπέσῃ τοῦ διαβόλου. RVR60: no un neófito NVI: no debe ser recién convertido LBLA: no un recién convertido NTV: un anciano no puede ser un nuevo creyente DHH: no debe ser un recién convertido	δοκιμαζέσθωσαν πρῶτον, RVR60: sean sometidos a prueba primero NVI: que primero sean puestos a prueba LBLA: que también estos sean sometidos a prueba primero NTV: que sean evaluados cuidadosamente antes de ser nombrados como diáconos DHH: primero deben pasar un periodo de prueba	

16. μαρτυρίαν καλὴν ἔχειν ἀπὸ τῶν ἔξωθεν RVR60: que tenga buen testimonio de los de afuera NVI: que hablen bien de él los que no pertenecen a la iglesia LBLA: debe gozar también de una buena reputación entre los de afuera de la iglesia NTV: la gente que no es de la iglesia debe hablar bien de él DHH: debe ser respetado entre los no creyentes		
		17. φιλάγαθον RVR60: amante de lo bueno NVI: amigo del bien LBLA: amante de lo bueno NTV: amar lo que es bueno DHH: debe ser un hombre de bien
		18. δίκαιον RVR60: justo NVI: justo LBLA: justo NTV: justo DHH: justo
		19. ὅσιον RVR60: santo NVI: santo LBLA: santo NTV: tener una vida de devoción DHH: santo
		20. ἐγκρατη RVR60: dueño de sí mismo NVI: disciplinado LBLA: dueño de sí mismo NTV: tener una vida de [...] disciplina DHH: disciplinado

| | **21.** μὴ διλόγους
RVR60: sin doblez
NVI: sinceros
LBLA: de una sola palabra
NTV: tener integridad
DHH: que nunca falte a su palabra | |

Apéndice B
Responsabilidades del marido cristiano[127]

Texto	Responsabilidades	Práctica
Gn 2:15,18 Gn 2:24	Ser compañero de la mujer. Mantener una relación de mutua contemplación ("auxilio idóneo") con la esposa. Dejar los padres. Dedicarse a su mujer en un compromiso de amor. Mantener una relación de *una sola carne* con ella (1 Co 7:3-5).	a) Dar prioridad a la relación y ministerio marido-mujer. b) Permitir que la esposa sea un complemento, fortaleciéndola en sus áreas frágiles, sin competir con ella. c) Mantener una relación de exclusividad, fidelidad e intimidad con la esposa. d) Desarrollar hábitos de fidelidad y amistad conyugal en todos los niveles (espiritual, emocional, social, intelectual, físico). e) Dedicarse exclusivamente a la esposa sin pensar en divorcio o separación o permitir que el ministerio tome el lugar de la familia.
Pr 31:28-31	Honrar la esposa por su dignidad de carácter.	Buscar maneras creativas, particulares y públicas, de honrar la esposa por su sacrificio en el hogar.
1Co 7:3-5 (Pr 5:15-19)	Satisfacer los deseos sexuales de la esposa en una relación mutuamente agradable.	a) Comunicar abierta y sensiblemente sus necesidades y sus deseos, y dar de sí mismo libremente para su esposa. b) Conocer y suplir las necesidades de la esposa "en el Señor". c) Buscar plena satisfacción sexual mutua y exclusiva en la unión conyugal.

[127] Extraído del libro del *Estabelecendo alicerces* de David Merkh. São Paulo, Hagnos, 2013.

Ef 5:25-33; Col 3:19	Amar a la esposa: como Cristo amó la iglesia y como Él ama su propio cuerpo. "Santificar/purificar" la esposa (sacrificarse a sí mismo en pro del bienestar de ella). No tratarla con amargura.	a) Seguir el patrón de Cristo de humildad y abnegación en favor de la familia como líder-siervo (1 Co 13; Jn 13). b) Abrir mano de ambiciones egoístas que perjudican la relación conyugal. c) Ser el líder espiritual de la casa. d) No guardar amarguras, sino resolver sus problemas, buscando la ayuda de consejeros cuando sea necesario.
1 Tim 5:8	Sostener su propia familia con un trabajo dedicado.	a) Vencer la pereza, las reclamaciones y el descontento con su trabajo por la gracia y fuerza de Cristo. b) Asumir la responsabilidad de suplir las necesidades de la familia sin caer en la ganancia ni presionar su esposa a ocupar papeles contrarios a la naturaleza de ella (Sal 127:1,2).
1 P 3:7 (cf. Dt 24:5)	Estar presente en el hogar como líder sensible a las necesidades de la esposa. Participar activamente en el hogar. Conocer a la esposa y sus necesidades, luchas, alegrías, etc. Proteger y honrar a la esposa.	a) Proteger (agradar y cuidar) la esposa como si fuera su propio cuerpo. b) Estar consciente de todo lo que sucede en la casa, especialmente con respecto a las necesidades de su esposa. c) Evitar el exceso de envolvimiento "extra-casa" que lo saque sin necesidad del ambiente familiar. d) Conocer profundamente a la esposa y sus necesidades. e) Hablar abiertamente de su amor y de cómo la admira. f) Orar con la esposa.

Apéndice C
Ministerio con hombres

Como vimos en la introducción, ministerios específicamente dirigidos para los hombres son raros en la iglesia. Mientras vemos trabajos con mujeres, niños, adolescentes, jóvenes y parejas, son pocas las iglesias con visión para invertir en los líderes de la casa, de la iglesia y de la sociedad.

A lo largo de los años, tuvimos el privilegio no solamente de participar, sino también de inaugurar ministerios de los más diversos con hombres tanto en Brasil como en los Estados Unidos. El nombre que le dimos a ese ministerio es "2-2-2", basado en el texto de 2 Timoteo 2:2 *Lo que has oído de mí ante muchos testigos, esto encarga a hombres fieles que sean idóneos para enseñar también a otros.*

En nuestra experiencia, cuando los hombres finalmente tienen la oportunidad de estudiar las Escrituras con otros hombres, interactuar con la Palabra y entre sí, compartir sus experiencias (positivas y negativas) y orar juntos, entonces sus vidas son radicalmente transformadas. Se trata solamente de crear oportunidades para que esas experiencias puedan suceder. No es nada fácil en días tan agitados, pero tampoco es imposible. Un poco de creatividad sazonada con flexibilidad puede hacer milagros.

Desayuno de los hombres

Un ministerio que ha funcionado muy bien en muchas iglesias es un simple encuentro ocasional o regular de "desayuno". Un grupo de hombres se hace responsable por el desayuno (que puede ser sencillo o elegante como lo quieran). En general, la reunión es realizada un sábado por la mañana, más o menos a las 8 a.m. Después del desayuno, hay espacio para un desafío de 20 a 30 minutos (¡las lecciones de este libro son perfectas para esto!), seguido de un tiempo de 30 a 45 minutos en pequeños grupos, con el objetivo de interactuar con el estudio por medio de las "Preguntas para grupos pequeños"; se termina con tiempo de oración. Corto, objetivo y agradable son adjetivos que deben describir tales encuentros.

Algunas iglesias planean un desayuno de hombres semestralmente, otras prefieren que sean todos los meses, y algunas programan reuniones semanales. Es posible marcar el encuentro en un día de trabajo, pero normalmente tendrá que ser muy temprano para permitir que todos participen antes de ir para el trabajo.

Lo ideal es que cada grupo pequeño tenga encuentros fijos, en el caso de reuniones constantes. Los visitantes pueden ser incluidos cada cual en el grupo de quien los invitó. Nadie debe ser forzado a compartir, orar, leer en voz alta, etc. Si el grupo es pequeño, al pasar de cinco o seis personas, se debe pensar en la posibilidad de subdividirlo en grupos más pequeños para que haya más interacción y rendir cuentas.

Clase de hombres

Durante muchos años, ministramos en la escuela bíblica dominical de nuestra iglesia casi exclusivamente para parejas. Pero una de nuestras frustraciones era el hecho de que, muchas veces, los hombres no abrían la boca para participar o compartir sus ideas y reacciones ante un grupo grande y mixto. Resolvimos hacer una prueba y separar los hombres y las mujeres para un semestre de estudios volcados hacia las necesidades particulares de cada grupo. Quedamos con gran recelo que, en la hora de abrir para preguntas o para un tiempo de estudio en grupos pequeños, hubiera aquel silencio interminable hasta que hubiera la señal de conclusión marcando el fin de la clase.

¡Felizmente estábamos equivocados! En la primera semana de clase el salón quedó lleno de hombres. Seguimos el modelo presentado aquí, en que el contenido de la clase fue repasado después de un rápido período de rompe-hielo. En los últimos veinte minutos de la clase, los hombres fueron divididos en grupos pequeños de cinco o seis personas para responder a las preguntas de los grupos pequeños.

En nuestra iglesia, tenemos un almuerzo misionero casi todos los domingos y los hombres normalmente son los primeros en salir de las clases de EBD para entrar en la fila de la comida por kilo. Pero, con la venida de la clase de hombres, todo cambió. Nunca me olvidaré de aquel primer domingo de prueba, cuando los grupos pequeños estaban reunidos en el salón, la campana sonó y nadie se levantó para salir. Cinco minutos pasaron… diez. Un grupo terminó orando juntos y salió. Quince minutos después de la conclusión de la lección, dos grupos más se levantaron. Algunos se quedaron veinte minutos o más interactuando sobre el contenido de la lección y en la aplicación del estudio. Descubrimos que finalmente habíamos tocado el nervio expuesto de la vida masculina. *¡Los hombres necesitan de oportunidades como esas para estudiar la Palabra y aplicarla a la propia vida!*

El contenido de este libro también sirve de currículo de escuela bíblica durante por lo menos un semestre, tal vez un año, dependiendo del contexto de cada comunidad.

Eventos especiales

Eventos especiales marcados ocasionalmente (una vez por semestre para empezar) son apropiados cuando aún no existe ningún ministerio específico con hombres, o cuando hay interés en involucrar más hombres y/o visitantes en el ministerio. El liderazgo debe planear con anterioridad, hacer una buena promoción (anuncios desde el púlpito, avisos en el informativo, mensajes en los medios sociales, etc.) y preparar todo lo que es necesario para un evento divertido, pero con enfoque en las Escrituras, con un breve estudio bíblico, comunión (tiempo de compartir), oración y evangelización.

Algunos eventos que pueden ser programados incluyen:
- Asado (Churrasco)
- Deportes de aventura (rafting, alpinismo, caminatas, etc.)
- Campamento papá e hijo
- Viajes misioneros
- Juegos en equipo (fútbol, voleibol, basquetbol)

Otros eventos[128]

Pescar-pagar padre/hijo

Preparativos: Intente un pescar-pagar en la región, que ofrezca un descuento para un grupo más grande y que preste o arriende cañas de pescar, señuelos y otros equipos de pesca. Lleve todo lo que sea necesario para un bello asado/churrasco para complementar los MUCHOS pescados que el grupo va a coger. ¡Sería bueno tener carne suficiente en el caso de que nadie pesque nada! (No es necesario tener un hijo o papá para participar – la actividad debe quedar abierta para todos los niños, jóvenes y señores que quieran involucrarse.)

¡No se olvide de máquinas fotográficas para registrar los monstruos acuáticos que no escaparán!

Evento: Marque un horario temprano en un punto de encuentro, donde debe haber vehículos suficientes para llevar a todos para la actividad. Pida a algunos hombres "pescadores" coordinar cuestiones sobre equipos, señuelos, etc. Designe hombres para acompañar y orientar a los jóvenes pescadores, especialmente aquellos que no vinieron con un papá u otro adulto. Designe un equipo para asar los peces o el asado e incluya un tiempo para un desafío evangelístico y/o de "hombres para hombres" por algún invitado especial.

---

[128] Algunas ideas a continuación fueron extraídas de nuestra serie de libros **101 ideas creativas**: *101 ideas creativas para grupos pequeños, 101 ideas creativas para la familia, 101 ideas creativas para culto doméstico, 101 ideas creativas para profesores*, algunos publicados en español por la Editorial CLIE, Barcelona, España.

Noche deportiva familiar

Preparativos: Invite las familias para una noche de deportes colectivos y amistosos en un salón de la iglesia o una cancha o gimnasio de la ciudad. Aliste juegos y actividades que fácilmente envolverán múltiples generaciones: voleibol, escondidas, ping-pong, fútbol de parejas (papá/hija, mamá/hija), etc. Para más ideas, vea el libro *101 ideas creativas para grupos pequeños* (Editorial CLIE).

Evento: Prepare juegos y actividades adecuados y cuide para que sean seguros y no peligrosos para los más jóvenes o más viejos. Adapte las reglas de los juegos o deportes para facilitar la participación de los menores. El énfasis de los juegos no debe ser ganar la competencia, sino promover interacción entre las generaciones. En la mitad de las actividades haga un intervalo con cánticos, testimonios y un desafío para la unidad familiar.

Noche de la papa

Esta actividad sirve de evento social para complementar en una noche en que el encuentro será más corto.

Preparativos: Invite al grupo para la programación y establezca como entrada para cada participante un tipo de salsa o relleno para las papas. Ase con anterioridad papas en cantidad suficiente para la comida del grupo y prevéngase con el material necesario para los juegos o la reunión.

Evento: A la hora de la merienda, lleve a la mesa las papas y varios ingredientes: salsas, jamón, queso, huevos cocinados, champiñones y otros más. Cada persona debe alistar su papa. Establezca una comisión para juzgar la papa más "creativa". Antes y después de la comida, dirija juegos que tengan como tema la papa.

Juegos: "papa-caliente" – Reúna el grupo en un gran círculo y entregue a los participantes una o más papas (de acuerdo al tamaño del grupo), que serán lanzadas de una persona a otra, al son de una música. Apague sin avisar la música y quien esté en ese momento con una papa en las manos debe salir del juego. Continúe hasta que quede una sola persona.

"Relevos" – Divida el grupo en dos equipos. Cada participante debe correr hasta el punto límite llevando una papa sobre un tenedor (¡no pinchada!) y volver al punto inicial. El juego continúa en esquema de relevos hasta que el equipo completo haya participado. Vence el equipo que complete en menos tiempo.

Apéndice D
"Marido de una sola mujer" — Divorcio y nuevo matrimonio

Existe mucha controversia sobre la interpretación de la frase "marido de una sola mujer", especialmente en lo que dice sobre la selección de líderes (pastores/presbíteros, diáconos) para la iglesia. Hay diversas interpretaciones para la frase que analizaremos rápidamente a continuación:

1. "Él tiene que ser casado". Si fuera ese el significado, contrariaría lo que vemos en la vida de otros líderes (como Jesús y Pablo; 1 Co 7:1,8,9,25s). Pablo indica su preferencia por ministros solteros, por lo menos en el clima hostil al cristianismo del primer siglo, aun reconociendo que, para la mayoría, no sería recomendable ser soltero (1 Co 7). [129]

2. "Que no sea polígamo". 1 Timoteo 5:9 argumenta contra esta opción, pues la frase paralela "esposa de un solo marido"[130] describe viudas cuyo carácter digno las cualifica para sostenimiento en el "rol de las viudas"; el hecho de que las dos frases son idénticas (con excepción del género) y aparecen en el mismo libro indica que deben ser interpretadas de manera similar. Pero, por el hecho que no tenemos evidencia de la práctica de poliandria (mujeres

---

[129] ¡Si alguien exige el matrimonio antes de la ordenación de un pastor o presbítero basado en ese texto, tendrá que exigir también que tenga hijos con edad suficiente para cumplir las órdenes de los versículos siguientes!

[130] ἑνὸς ἀνδρὸς γυνή

con más de un marido) en el primer siglo, es altamente improbable que la frase "marido de una sola mujer" se refiera a poligamia.

3. **"Que no tenga más de una esposa a la vez".** Esta interpretación popular presenta algunos defectos lógicos serios. La idea es que el líder espiritual necesita ser fiel a la esposa que tiene, *mientras está casado con ella*. No obstante, ¿si ese fuera el sentido de la frase, en que sería diferente el líder de la iglesia de sus compañeros paganos, que también tienen "una mujer a la vez" – pero que se divorcian y se casan de nuevo a su gusto? ¿Y cuál sería el límite de sucesivas mujeres (esposas) que el hombre podría tener antes de ser descalificado para el liderazgo espiritual? Cuando se recuerda que el matrimonio refleja el misterio del compromiso de Cristo para con la novia, la iglesia (Ef 5:32), y que también es un reflejo de la propia unidad en la diversidad de la Trinidad (Gn 1:27), queda difícil imaginar que Pablo consideraba como candidatos para el obispado hombres casados múltiples veces.

4. **"No un adúltero".** Ser "marido de una sola mujer" con seguridad incluye la prohibición del adulterio, pues el adulterio (y otros vicios sexuales) revela un hombre *no* comprometido con una única mujer. Pero el texto va más allá de una descripción negativa para afirmar algo positivo; además de no ser adúltero, el hombre de Dios está comprometido solamente con una mujer.

5. **"No divorciado o casado de nuevo".** De la misma manera que la opción 4, parece que "marido de *una* sola mujer" también significa que solamente una mujer podría decir: "Ese hombre fue (o es) casado conmigo". A la luz del contexto de la época, en que el divorcio (como hoy) era común, y ante la cualificación de mantener una reputación "irreprensible", parece probable ser esta también una implicación de la frase esposo de una *sola mujer*.

Pero esa interpretación levanta una serie de otras controversias sobre las cuales teólogos pelean hasta hoy: ¿Eso incluye divorcios "legítimos" (supuestamente, por abandono del cónyuge no creyente o inmoralidad sexual)? ¿Y si el divorcio sucedió antes de la conversión?[131] Infelizmente no tenemos cómo tratar sobre todas esas cuestiones, a no ser decir que, a la luz de la enseñanza del Nuevo Testamento sobre el asunto, nos parece más probable que Pablo define *marido de una sola mujer* como un hombre casado una única vez (no casado de nuevo, a no ser después de quedar viudo).[132]

Pero note que Pablo va más allá de lo negativo. Si fuese solamente esa interpretación, fácilmente podría haber escrito: "No divorciado o casado de nuevo". Pero parece que él tiene algo más en mente.

6. "Fiel (dedicado, comprometido) a su (única) esposa". El *marido de una sola mujer* da evidencias claras de ser un marido totalmente dedicado (emocional, espiritual, social y físicamente) a la esposa (si es casado), no divorciado o casado de nuevo, sin hábitos o vicios sexuales ilícitos que mancharían la imagen de Cristo Jesús y de la iglesia. Ese es el patrón de vida para todos los hombres, no solamente de los líderes espirituales (Mt 5:27-30). Esa interpretación considera el énfasis positivo de la cláusula *marido de una*

---

[131] Ken Jr., Homer. *The Pastoral Epistles*, p. 125. Sugiere en su comentario que, aunque la sangre de Cristo lave todos los pecados, y todo verdadero convertido pueda ser miembro de la iglesia, no todos están calificados para ocupar el oficio de liderazgo espiritual. Aunque el divorcio haya sucedido antes de la conversión, el hecho es que el matrimonio vitalicio es el plan de Dios para toda la sociedad, no solo para la iglesia (Mt 19:8).

[132] La cuestión sobre el divorcio y nuevo matrimonio depende en gran parte de la interpretación de la "clausula de excepción" en Mateo 5:32 y 19:9 y en el capitulo 7 de 1 Corintios. Es nuestra conclusión (contra la mayoría de comentaristas y teólogos) que ningún versículo del NT claramente autoriza el nuevo matrimonio (excepto en el caso de viudez), aunque reconozca dos situaciones que POSIBLEMENTE permiten el divorcio: adulterio y abandono por el cónyuge no creyente (1 Co 7:10-16). Esas cuestiones son demasiado complejas para ser tratadas aquí. Tampoco cabe a nosotros determinar quién es o no es calificado como líder espiritual de la iglesia local. Esa decisión cabe a la iglesia al escoger sus líderes a la luz del estudio serio de ese y de otros textos bíblicos.

sola mujer – él es dedicado a la esposa y comprometido con ella; por lo tanto, la idea es que no se trata de un hombre promiscuo, adultero, divorciado o casado de nuevo.[133]

---

[133] Ken Jr., Homer. *The Pastoral Epistles*, p. 126. "Él debe ser comprometido a ella y darle todo el amor y toda la consideración que la esposa merece. [La frase] significa más que simplemente no ser divorciado, a pesar que ese hecho objetivo pueda ser verificado por la iglesia."

Sobre el autor

David Merkh está casado con Carol Sue desde 1982. La pareja tiene seis hijos: David Junior (casado con Adriana), Michelle (casada con Benjamín), Daniel (casado con Rachel), Juliana (casada con Elton Júnio), Stephen (casado con Hannah) y Keila. La pareja tenía 12 nietos en el momento en el que este libro fue escrito.

El pastor David es bachiller en Ciencias Sociales por la *Cedarville University* (1981), tiene maestría en Teología (Th.M.) por el *Dallas Theological Seminary* (1986) y doctorado en Ministerio (D.Min) con énfasis en ministerio familiar por el mismo seminario (2003).

Desde 1987, el pastor David es misionero en Brasil donde ha trabajado como profesor y coordinador del curso de Maestría en Ministerios del Seminario Bíblico Palabra de Vida, Atibaia, SP, Brasil. Además, sirve, desde esa misma fecha, como uno de los pastores auxiliares en la Primeira Iglesia Batista de Atibaia, Brasil, donde actualmente es pastor de exposición bíblica, predicando y enseñando semanalmente en la escuela bíblica, así como en cursos de entrenamiento de pastores. El autor ha ministrado a hombres con finalidad a la formación de líderes de acuerdo a la imagen de Cristo.

El pastor David Merkh y su esposa son autores de 17 libros sobre vida familiar y ministerio práctico, todos publicados en portugués por la Editora Hagnos. Su página web www.palavraefamilia.org.br recibe miles de visitas a cada mes.

Otros recursos para su familia o grupo pequeño

Considere estos otros recursos, ofrecidos por David y Carol Sue Merkh, publicados en portugués (algunos en español como fue indicado) por la Editora Hagnos:

Serie *Construyendo un hogar cristiano* (Solamente en portugués)

Material 1: *Estabelecendo alicerces* [Estableciendo fundamentos]

Quince estudios sobre los fundamentos de un hogar cristiano, incluyendo lecciones sobre el propósito de Dios para la familia, reavivamiento que empieza en la casa, pacto y amistad conyugal, finanzas, papeles, comunicación y sexualidad en el hogar.

Material 2: *Mobiliando a casa* [Amoblando la casa]

Quince estudios sobre la crianza de los hijos, incluyendo lecciones sobre discipulado y disciplina de niños, con énfasis en cómo alcanzar el corazón de su hijo.

Material 3: *Enfrentando tempestades* [Enfrentando tempestades]

Quince estudios sobre temas y situaciones preocupantes en el matrimonio, empezando con una perspectiva equilibrada sobre lo que Dios quiere hacer en el corazón de cada uno a pesar de las "tempestades" por la cuales pasamos. Incluye estudios sobre: malos hábitos, críticas, parientes, finanzas, suegros, discusiones y decisiones sobre el futuro.

Serie 101 ideas creativas (Portugués y español)

101 ideas creativas para maestros (David Merkh) – español Editorial CLIE

Un libro que ofrece material para el ministerio con grupos familiares y para los varios departamentos de la iglesia. Incluye ideas para rompe-hielos, eventos y programas sociales, además de juegos para grupos pequeños y grandes.

101 ideas creativas para el culto doméstico (David Merkh) – portugués Editora Hagnos

Recursos que pueden hacer dinámica la enseñanza bíblica en el contexto doméstico y dejar a los niños "pidiendo más".

101 ideas creativas para mujeres (Carol Sue Merkh y Mary-Ann Cox) – español Editorial CLIE

Sugerencias para transformar té de mujeres en eventos inolvidables, que causan impacto en la vida de las mujeres. Incluye ideas para *baby shower*, despedidas de soltera y reuniones en general de las mujeres de la iglesia. Termina con diez bosquejos de meditaciones para encuentros de mujeres.

101 ideas creativas para la familia (David y Carol Sue Merkh) – español Editorial CLIE

Presenta sugerencias para enriquecer la vida familiar, con ideas prácticas para: la relación marido-mujer, la relación papá-hijo, aniversarios, cumpleaños, cenas familiares, preparación para el matrimonio de los hijos, viajes.

101 ideas creativas para profesores (David Merkh y Paulo França – In memoriam) – español Editorial CLIE

Dinámicas didácticas para enriquecer el envolvimiento de los alumnos en la clase y desarrollar una mejor compresión de la enseñanza.

Cómo mimar a su marido / Esposa – 101 ideas

Cómo mimar a su marido – 101 ideas (David y Carol Sue Merkh) – español Editorial Hagnos Corp.

Textos bíblicos con aplicaciones prácticas para la esposa demostrar amor por su marido.

Cómo mimar a su esposa – 101 ideas (David y Carol Sue Merkh) – español Editorial Hagnos Corp.

Textos bíblicos con aplicaciones prácticas para el marido demostrar amor por su esposa.

Otros libros:

151 ideas para educar a sus hijos (David y Carol Sue Merkh) – español Editorial Hagnos Corp.

Un compendio de textos bíblicos dirigidos para la educación de los hijos, con sugerencias prácticas y creativas para aplicación en el hogar.

El legado de los abuelos (David Merkh y Mary-Ann Cox) – español Editorial Hagnos Corp.

Un libro escrito por una suegra, en conjunto con un yerno, sobre el desafío bíblico de dejar un legado de fe para la próxima generación. Incluye: trece capítulos que desarrollan la enseñanza bíblica sobre la importancia del legado; estudios adecuados para grupos pequeños, escuela bíblica, grupos de la tercera edad, etc. 101 ideas creativas de cómo los abuelos pueden invertir en la vida de los nietos.

El noviazgo y el compromiso que Dios siempre quiso (David Merkh y Alexandre Mendes) – español Editorial Hagnos Corp.

Una enciclopedia de informaciones y desafíos para jóvenes que quieren seguir principios bíblicos y construir relaciones serias y duraderas para la gloria de Dios.

Preguntas y respuestas sobre el noviazgo y el compromiso – que Dios siempre quiso (David Merkh y Alexandre Mendes)

Más de 66 preguntas relacionadas al noviazgo, compromiso y otros asuntos de la vida diaria de los jóvenes y sus emociones con respecto al sexo opuesto y otros asuntos polémicos.

Su opinión
es importante
para nosotros.
Por favor envíe
sus comentarios
al correo electrónico
editorial@editorialhagnos.com

Visite nuestra web: www.editorialhagnos.com

Esta obra fue elaborada con
la fuentes Cambria, tamaño
9, 10 y 12, y Charlemagne Std
12, 13 y 25.